400 ANOS DE MODA MASCULINA

Lula Rodrigues

Editora Senac Rio - Rio de Janeiro - 2019

400 anos de moda masculina © Lula Rodrigues, 2019.

Direitos desta edição reservados ao Serviço Nacional de Aprendizagem Comercial – Administração Regional do Rio de Janeiro.

Vedada, nos termos da lei, a reprodução total ou parcial deste livro.

Senac RJ	
Presidente do Conselho Regional	Antonio Florencio de Queiroz Junior
Diretora Regional	Ana Cláudia Martins Maia Alencar
Diretor Administrativo-financeiro	Sylvio Britto
Diretora de Educação Profissional	Wilma Bulhões Almeida de Freitas
Diretor de Planejamento	Fábio da Silva Soares
Editora	Daniele Paraiso
Produção Editorial	Cláudia Amorim (coordenação), Manuela Soares (prospecção), Andréa Regina Almeida, Gypsi Canetti, Michele Paiva (copidesque e revisão de textos), Patricia Peçanha, Victor Willemsens e Vinicius Moura (design)
Ilustrações	Patricia Peçanha
Impressão	Edigráfica Gráfica e Editora Ltda.
	1ª edição: outubro de 2019

Editora Senac Rio
Rua Pompeu Loureiro, 45/11º andar
Copacabana – Rio de Janeiro
CEP: 22061-000 – RJ
comercial.editora@rj.senac.br
editora@rj.senac.br
www.rj.senac.br/editora

CIP-BRASIL. CATALOGAÇÃO-NA-FONTE
SINDICATO NACIONAL DOS EDITORES DE LIVROS, RJ

R614q

    Rodrigues, Lula
      400 anos de moda masculina / Lula Rodrigues. - 1. ed. - Rio de Janeiro : Senac Rio, 2019.
      168 p. : il. ; 23 cm.

    Inclui bibliografia
    ISBN 978-85-7756-469-9

    1. Moda - Estilo - História. 2. Roupas masculinas - História. I. Título.

19-59295   CDD: 391.1
                      CDU: 391-055.1

Em memória de Aida, minha mãe, primeira a ficar orgulhosa por eu escrever um livro. Dedico este trabalho a mainha Vicença, que me convenceu de que Santo Antônio protege os escritores.

Dedico este livro também às grandes mulheres de minha vida, cujos nomes mantenho em segredo por questão de elegância: PU, IC, TD, SP e CD.

A moda é o espelho da história.
(Luís XIV)

Sumário

Prefácio 17
Agradecimentos 19
Introdução 21

Capítulo I - Século XVII
Estilo Barroco, Luís XIV, o Rei Sol, e a gênese do terno executivo contemporâneo

Contexto histórico 25
O primeiro "pavão" da história: Luís XIV, o Rei Sol, nosso astro 27
Vamos entender um pouco melhor as datas do reinado de Luís XIV 28
Qual foi a colaboração de Charles II para a criação do colete curto? 30
A França e os produtos de luxo 32
Surge o modista 33
As roupas masculinas no século XVII 33
O esquisito rhingrave 34
Para esclarecer: a casaca moderna 35
Voltando ao século XVII 35
A origem dos botões na manga do paletó de um terno 36
O habit complet à la française 37
O gibão 38
Os culotes 38
A cravat 38
Luís XIV e o luxo das roupas masculinas 39
Os tecidos masculinos do século XVII 39
Joias do século XVII 40
Abotoaduras e punho francês 41
Grooming: cuidados de higiene e beleza no século XVII 41
Os saltos de Luís XIV 42
Gravatas e lenços 43
1715: morre Luís XIV. A herança do Rei Sol 43

Capítulo II - Século XVIII
O habit complet à la française e os sans-culottes

Contexto histórico 45
Roupas masculinas 49
O fim de um estilo de vida com a morte do Rei Sol 49
Século XVIII: a mulher começa se destacar na sociedade 49
Tire suas dúvidas: os antepassados do fraque e da casaca 50
Voltemos ao século XVIII 52
Na França: os sans-culottes 52
Os ancestrais dos fashionistas 54
Anglomania, a influência inglesa na moda masculina e o terno moderno 55
Tecidos: uma prévia da Revolução Industrial do século XIX 56
Grooming: cuidados de higiene e beleza no século XVIII 56
A grande força das perucas 57
Os cabeleireiros de grife 57
Chapéus 58
Surgem as revistas de moda 58
Moda e estilo de vida na mídia de moda do século XVIII 58
As joias do século XVIII 59

Capítulo III - Século XIX
A Revolução Industrial: o xadrez madras invade o mundo. Em 1830, o homem adota definitivamente a calça comprida. Nasce o dândi e o homem usa calças

Contexto histórico 64
A era vitoriana 66
Surge a indústria do vestuário 67
Século XIX: as revistas de moda tiram o homem de seu foco, mas não deixam de falar dele 68
Surgem os almofadinhas 69
George Bryan Brummell: tudo sobre o verdadeiro dândi 69
Brummell: imprimiu severidade à roupa masculina 71
Grooming: cuidados de higiene e beleza no século XIX 73
As calças compridas emplacam de vez 73
O conde d'Orsay e outros dândis 73
O príncipe dândi 74
O homem e a moda no século XIX 74
Chapéus 75

A evolução da indumentária continua..75
A bainha virada para cima: bainha inglesa, sim, senhor.............................75
Como surgiram os vincos das calças?..76
O paletó-saco: a cara do terno moderno..77
O fim da era vitoriana 78
Revolução industrial e as joias feitas à máquina 78

Capítulo IV - Século XX
Anos 1900

A virada do século 79
Casacas e fraques..80
O business suit ou terno executivo..80
Abotoar ou não o terceiro botão do terno?...81
Chapéus..81
Esportes e lazer..82

Década de 1910: de 1910 a 1919

A moda da década 83
Colarinhos brancos (white collars) versus colarinhos azuis (blue collars)...............84
O zíper...85
O cinema...86

Década de 1920: de 1920 a 1929

A moda da década 86
A crise de 1929 incrementou o consumo de moda para homens 89

Década de 1930: de 1930 a 1939

A moda da década 91
Como a camisa de tênis foi parar no campo de polo?...............................91

Década de 1940: de 1940 a 1949

A moda da década 94
Os zooties ou zazous..94

A Segunda Guerra Mundial: cupons para compras de roupas 96
Nasce a camiseta 97
Os existencialistas 98

Década de 1950: de 1950 a 1959

A moda da década 99
Os teddy-boys 99
A nova alfaiataria 102
Camisa de turista 102
Tecidos tecnológicos 102
Made in Italy – o estilo italiano 103
Mods ingleses: o começo 103
A geração Beat & beatniks 104
Rockabillies 105
Rockers 105
Os surfistas 106

Década de 1960: de 1960 a 1969

A moda da década 107
Os mods continuam em cena 108
Os meninos andróginos da Carnaby Street 109
Hippies 111
O mercado e o comércio hippie 112
Moda masculina e novos conceitos: os primeiros desfiles em 1960 113
À procura do novo terno executivo 113
A tribo dos skinheads 114

Década de 1970: de 1970 a 1979

O poder das ruas 116
A moda dos anos 1970 116
Os punks 116
A moda da década 117
A importância "da cabeça feita" nos anos 1970 118
Preppies 119
Skatistas 120

Década de 1980: de 1980 a 1989

A moda da década 121
A última moda? A moda, é claro! 122
A moda como fenômeno cultural 123
Anos 1980, a década da cor preta 124
A música dá o tom do comportamento e da moda. Abram alas para a cultura
das ruas 124
Designer suit 125
Os japoneses atacam Paris 126
Os belgas invadem Londres 127
A mania do novo homem desde os anos 1980 128
Anos 1980: a era dos yuppies 129

Década de 1990: de 1990 a 1999

A década do "menos é mais" 131
O que é minimalismo? 132
Os conglomerados de luxo 134
A moda da década 134
A alfaiataria sob medida – ou quase isso – contra-ataca 135
Cargo ameaça o jeans 136
Helmut Lang é clean; Versace é over 137
Começa a onda dos lofts 137
O homem vai para a cozinha 137

Capítulo V - Século XXI
Anos 2000

A virada para o século XXI: a primeira década
A passagem para a segunda década – 2010 até os dias atuais 139
Linha do tempo - datas e notícias 141
A passagem para o século XXI 144
O homem na moda 145
A moda da primeira década do século XXI... 146
Algumas coisas que o homem contemporâneo não pode deixar de saber antes
de encarar o século XXI 147
1. A silhueta seca e curta: de Hedi Slimane e Thom Browne 147
2. A onda do vintage como mania e livro sobre vintage para homem 148

3. A onda premium 149
4. Roupas de alfaiataria 149
Tempos de crise 151
A importância das referências do passado olhando para o futuro e vivendo o hoje 152
A passagem para a segunda década (de 2009 a janeiro de 2015). Quem é o pai da criança? Prováveis origens do terno executivo contemporâneo, de Versalhes a James Bond 152
Referências bibliográficas 155

Prefácio

A moda masculina brasileira carrega dificuldades na existência. Primeiro, o homem precisa de poucas peças para formar um guarda-roupa básico. Segundo, o nosso clima dispensa grandes investimentos em roupas em tecidos de alta qualidade. E, por fim, o terceiro motivo: a crescente informalidade do estilo urbano.

Portanto, é admirável o empenho de alguém em acompanhar e estimular a evolução da moda para os homens. E lá veio Lula, o Lula Rodrigues, muito sério, sem maiores conversinhas, registrando as coleções com suas câmeras, sentado nas primeiras filas dos desfiles, um pioneiro no assunto postado nas redes sociais.

Posso me considerar privilegiada por ter participado de alguns comentários, por juntos termos sido convocados para eventos e discussões sobre moda. Nos momentos de conversa, este livro se destacava. A seriedade desaparecia, e Lula se animava, contando das suas pesquisas e dos verbetes que iam surgindo ao longo do texto. "Sabia que o Luiz XIV foi a primeira pessoa a usar salto alto?" era uma das descobertas que nos faziam rir durante as horas de espera pelos desfiles. Ou, então quando, durante uma entrevista com um modelo, ele obteve a resposta "ah, isso não rola!" Pronto, adotamos a expressão para definir algo difícil, passamos a nos sentir pertencentes à tribo de modelos surfistas.

Eis que agora o livro está pronto! Uma obra dedicada a superar as tais dificuldades da moda masculina, com destaque para suas origens, evoluções, até para os motivos que levam um homem a consumir determinado tipo de roupa ou acessório: desde o salto alto do rei até as saias, peças tradicionais como os kilts dos clãs escoceses ou consideradas provocadoras nas coleções que se pretendem de vanguarda.

A seriedade e o humor do Lula com certeza fazem do livro, além de indispensável no acervo de quem curte moda, um momento de cultura, história e estilo.

Divirtam-se com a leitura, assim como nos divertimos enquanto esperamos os desfiles. Quando o primeiro modelo entra na sala, acaba o papo e o colega se empolga, empenhado em registrar as novidades e convencer os homens a aderir a uma nova cor, um corte diferente de calça ou trocar o blusão esportivo por uma alfaiataria elegante.

Está tudo aqui nestas páginas, um verdadeiro intensivo de moda. Segundo o Lula, a moda masculina brasileira... rola!

Iesa Rodrigues
Jornalista de moda

Agradecimentos

U m obrigado especial aos apoiadores que me ajudaram nos últimos anos, em que pude viajar; comprar livros e revistas; fazer assinaturas virtuais e pesquisas; adquirir um Mac, um iPad e o Apple Time Capsule, este recheado de informações que resultaram em conteúdo sobre a história do homem, sua moda e seus modos. Sem os seus olhares amplos, generosidade e paciência, sobretudo muita paciência, a obra 400 anos de moda masculina não sairia da gaveta. Muito obrigado!

Introdução

Depois de uma década de pesquisas, anotações, ansiedade e esforço, taxas internacionais pagas por excesso de peso, bagagens desviadas, noites viradas e fins de semana varados em labuta, *400 anos de moda masculina*, enfim, está pronto. O livro deixou de ter o termo "almanaque" no título em razão da ausência de informações como tabelas, dados mensais sobre colheitas, fases da lua e afins que caracterizam um almanaque. Foi um truque estratégico para proteger seu conteúdo, mas para mim o "almanaque" será uma referência emocional eterna, como um apelido de criança que guardamos mesmo depois de adultos.

A missão, portanto, está cumprida e traz uma novidade pela qual esperei um longo tempo, acompanhando os fatos bem de perto, ainda que em silêncio: o conceito do terno executivo moderno fechou, por fim, um ciclo esperado há mais de duzentos anos com uma nova proposta que surgiu e emplacou no segmento corporativo. Ainda que enfrentando preconceitos, as bainhas mais curtas de calças e paletós, exibidas nas vitrines mais caras do mundo, anunciam novos tempos para o dito *business suit*. Entramos em uma nova era na moda masculina. Agora é a hora de este livro ir rumo às livrarias.

O uniforme oficial de chefes de estado, reis, autoridades do clero (quando à paisana) e homens de negócios nasceu na corte do rei francês Luís XIV, no século XVII, criado por um alfaiate anônimo. Os ingleses, no entanto, consideram que foi seu rei Charles II o autor de tal protótipo, mesmo após seu exílio na França, em Versalhes.

Depois de uma longa e tortuosa história que vocês vão acompanhar de perto, em 2013 confirmou-se uma nova silhueta para o terno executivo, criada por Thom Browne. As mudanças ocasionadas são irreversíveis em todas as camadas sociais. Os dogmas do estilista americano criaram uma grande mobilização na indumentária e no comportamento do homem contemporâneo de todo o mundo (inclusive nos grandes centros do Brasil), daí ser revolucionário o novo terno contemporâneo.

A tudo isso soma-se um novo comportamento masculino. O antigo pavor de vestir a armadura do terno e gravata de todo dia virou prazer de exibir o último modelo de dois botões em tecido tecnológico – ou 100% orgânico –, somado à audácia das meias coloridas, gravatas divertidas, camisas sociais boas e caras, e pulseiras que não ofuscam o relógio herdado do pai ou avô, é claro, o qual, por sua vez, não distrai o foco do brogue de camurça. Sem esquecer os óculos, que compõem a imagem, e o lenço no bolso (*pocket square*) do paletó do costume ou blazer. O medo de misturar camisa xadrez com gravata listrada ficou nos anos 2000. Manuais vendidos em bancas pela Amazon ou disponibilizados na internet ensinam a ter critério e ousar sem ser demitido. Imagens postadas no Pinterest reforçam as dicas. As mudanças vão muito além de bainhas que mostram tornozelos ou meias extravagantes. Refletem o lema "é proibido proibir", imposto pelos jovens executivos que mais e mais conquistam poder e espaço nas grandes corporações.

"Eu quis criar algo que fosse atemporal, que fosse realmente importante" – declarou Thom Browne para ao site WWD, em uma edição especial, Redefining the modern man (Redefinindo o homem moderno), do dia 28 de março de 2013. Nesse documento histórico, a cúpula de pensadores que traçam os caminhos da moda do homem examinou tendências e tecnologias, e então apontou os verdadeiros pioneiros nas mudanças do setor, sendo Browne considerado o número 1. Ele conseguiu chamar a atenção e sensibilizar todo o planeta com seus dogmas pelo fato de a primeira-dama americana Michelle Obama ter escolhido para a posse na reeleição do marido, Barack Obama, um traje de sua linha feminina, lançada para a primavera de 2012. O estilista conseguiu, assim, injetar verba do feminino nos gastos com a coleção masculina, seu principal foco.

Qualquer editorial de moda ou vitrine, de Hong Kong a Juiz de Fora, passando por Londres, Paris, Milão, Nova York, São Paulo e Rio de Janeiro, exibe bainhas curtas ou viradas. Browne, de maneira indireta, fez do jovem de hoje uma releitura do *homme de qualité* do século XVII. Ele adora estar bem vestido, mantém a rotina de grooming, abusa de berloques, coleciona sapatos (ou tênis) e cuida da imagem. Sua moda, desde o tempo de Luís XIV, nunca esteve tão "na moda". Esse "pavão" corporativo faz suas exigências aos mais conservadores: a sarja vira o novo tweed e tudo é feito dentro dos cânones *bespoke*, ou seja, sob medida.

Os tempos de crise econômica mundial, analisando do século XVII aos nossos dias, são o cenário mais que perfeito; exemplo disso foi a Revolução Francesa, que combateu a imagem da ostentação aristocrática e elegeu o visual obrigatoriamente mais limpo. Já os apuros da Segunda Guerra fortaleceram o estilo polêmico e contraditório de roupas superamplas dos zooties (Estados Unidos) ou zazous (França) – verdadeiros fashionistas fora da lei – em tempos de racionamento de tecidos imposto pelo conflito mundial. Este livro registra e documenta as tribos urbanas de jovens rebeldes movidos pelo estilo desde o século XVII. Do século XX em diante, a música junta-se à moda, e os precursores na gestação de novos comportamentos são os já citados zooties ou zazous. Hoje, os "pavões" da era da informação de moda em tempo real realizam seus sonhos via mídias sociais.

Além de contar tudo o que aconteceu na moda masculina – desde o reinado de Luís XIV até os dias atuais –, a obra ilustra, diverte e enriquece conversas sobre o homem e, ainda, resenha, para interessados, a construção do estilo do homem nos últimos quatrocentos anos.

Acredito que *400 anos de moda masculina* possa ajudar muitos blogueiros, cronistas de seu tempo, fornecendo-lhes uma panorâmica sobre a moda masculina contemporânea. Destacamos aqui o período histórico que vai do século XVII ao XXI, de Luís XIV ao segundo mandato de Barack Obama. Este é o terceiro personagem a impor suas modificações, dessa vez estratégicas e políticas à sua vestimenta, retomando um movimento que começou com Luís XIV, cujo traje foi copiado por todo o mundo.

O terno executivo do presidente Barack Obama, discretamente citado neste livro, foi uma habilidosa criação de seu alfaiate particular e rendeu milhares de matérias graças a seu estilo. O terno de Obama, na verdade, retoma o poder de Luís XIV com a mobilidade estratégica de nossos dias, porém de maneira diferente da proposta por Thom Browne: mais curto, possibilitando maior gama de movimentos e enaltecendo a figura do homem até então mais poderoso do século XXI.

Além da documentação das tribos urbanas de todos os períodos, como os Macaronis e Les Incroyables no século XVII, os *fops* (ou almofadinhas) no século XVIII e os zazous no século XX, por exemplo, outra descoberta bacana é o interesse cada vez maior das mulheres de hoje com relação à moda dos homens. Elas são grandes incentivadoras deste livro e do homem bem vestido, educado e gentil.

A bibliografia é de grande ajuda para quem quiser estudar e mergulhar no universo da moda e do comportamento do macho da espécie humana, que precisou de alguns séculos para ser como é hoje e que, daqui em diante, precisará mais e mais de apenas poucos caracteres, via smartphone, para eleger ou detonar um modismo.

O foco está na moda internacional, em particular na europeia, pois foi lá que tudo começou há muito tempo. Mas os americanos estão incluídos, já que não foram afetados pela Primeira Guerra e passaram a ditar moda, como os europeus. Hollywood ajudou bastante a chamar a atenção para os novos elegantes da indústria do cinema. Enfim, o estilo prep, preppie ou preppy nasceu nos Estados Unidos, assim como o rock. A Europa é nosso foco também pelo fato de a profissão de alfaiate ter surgido lá, entre os séculos XII e XIV. O primeiro registro da palavra, segundo o Oxford English Dictionary, data de 1297.

A moda masculina brasileira é jovem, está em formação e agora começa a mostrar sua cara; portanto, acho que não abordá-la em um livro genérico é uma forma de respeito. A moda masculina brasileira, mais madura e segura das pernas, merece um livro sobre suas raízes e evolução, seus primeiros intérpretes e marcas.

Uma vasta bibliografia inclui títulos que podem enriquecer a cultura da moda masculina para os interessados. Afirmo que é um quebra-cabeças fascinante, que todos os livros citados já estão publicados e que alguns deles, embora possam estar esgotados, talvez sejam encontrados em sebos, via internet. Alguns outros têm reedições. Muitos foram publicados entre 2007 e 2013. O período de 2010 a 2014 foi muito profícuo para a literatura focada na história e evolução da moda do homem.

Até a entrega dos originais, este livro esteve em dia com as publicações – todas que merecem referência, em todos os formatos: impressos e digitais. *400 anos de moda masculina* surge no momento em que a maior tendência da moda masculina é o próprio homem. Tenho orgulho de dizer que os mais de 90% dos livros indicados, citações em revistas impressas ou edições digitais foram todos comprados com apoio de parceiros, empresários de mente aberta do universo fashion masculino e feminino brasileiro, além de empresários amigos.

No final de 2014 chegou ao mercado brasileiro o aparelho de barbear da Gilette apropriado para a depilação masculina, com ampla campanha publicitária no horário nobre das redes de televisão. O foco, em minha opinião, relaxa o assunto, que ainda causa certo constrangimento mesmo entre profissionais de moda: a depilação do púbis masculino já é prática popular no Brasil.

Desejo, de todo o coração, que vocês se divirtam tanto lendo este livro quanto eu me diverti ao escrevê-lo.

Luís XIV, Barack Obama e Thom Browne.

Capítulo I - Século XVII

Estilo Barroco, Luís XIV, o Rei Sol, e a gênese do terno executivo contemporâneo

Principais manchetes do século XVII: o século francês

1620 – O colarinho engomado e o colarinho plano substituem os rufos.
1638 – Nasce Luís XIV, o Rei Sol, o primeiro "pavão" da história da moda masculina.
1643 – Luís XIV sobe ao trono aos 5 anos.
1650 – A moda francesa impera, é copiada por toda a Europa e chega às colônias.
1661 – Aos 23 anos, Luís XIV começa de fato a reinar na França após a morte de seu primeiro-ministro, o cardeal Manzarin.
1660/1680 – É o período de construção do palácio de Versalhes.
1665 – Jean-Baptiste Colbert, ministro das Finanças de Luís XIV, organiza o Tesouro, acabando com as importações de matérias-primas italianas para a fabricação das famosas rendas francesas. Tudo passa a ser made in France.
1666 – Incêndio quase destrói Londres.
1670 – A peruca comprida, com cabelos que iam até as costas, preferida do rei Luís XIV, passa a ditar a moda em toda a Europa. Perdura por mais de cem anos no Velho Continente e nas colônias.

Contexto histórico

A moda lançada pelo Rei Sol reflete a história de seu tempo, que começa no século XVII. Neste capítulo busca-se investigar a origem do terno executivo contemporâneo. Luís XIV foi quem construiu o palácio de Versalhes para ser sua residência e seu escritório de governo. De lá, seus modos e sua moda deram origem ao personagem que chamamos de primeiro "pavão" da moda masculina, o Rei Sol, que começou a reinar no grande século francês.

O ato de estarmos com o foco na França, por enquanto, não significa que em outros países europeus não tenham ocorrido mudanças. Holanda, Alemanha, Itália e Espanha seguiram seus rumos. Já a Inglaterra, a partir do século XVIII, passa a dar as cartas. A Revolução Francesa "decapitou" a aristocracia esnobe; os sans-culottes – representantes do povo e da burguesia – viraram o modelo de homem do momento. Nesse cenário, a Inglaterra entrou, definitivamente, no mapa da moda masculina. A aristocracia rural, longe da corte, estava conectada à vida saudável, simples, mas nem por isso menos sofisticada. Daí em diante, os ingleses começam a dar as cartas na evolução do estilo masculino. Isso fica bem evidenciado nos figurinos que renderam Oscar ao filme *A duquesa* (2008), com Keira Knightley e Ralph Fiennes (prestem muita atenção a seus trajes), no qual a ação se passa no fim do século XVIII.

Entre a Idade Média e o século XVI, as roupas evoluíram muito lentamente. As grandes mudanças começaram no século XVII, época propícia para o aparecimento do "varão superenfeitado".

A moda para homens, como conhecemos hoje, começou mesmo a acontecer no fim do século XVIII, quando, para muitos estudiosos, surgiu o conceito "fora de moda". Outros discordam e dizem que foi no início dos anos 1800 que a moda passou a ser seguida por homens e mulheres de posição social mais elevada. Dizem ainda que nessa época passamos a conhecer, por intermédio da moda, o tempo histórico e o status de quem a vestia, assim como o que era roupa para o dia ou para a noite, usada na cidade ou no campo, formal ou informal, e muito mais. Por outro lado, outros estudiosos dizem que a roupa do homem só começou a seguir a moda no fim do século XIX. O século XVII foi escolhido para abrir este livro por ser um período de transformações radicais na indumentária masculina, das quais brotou o primeiro conceito do terno executivo na Versalhes de Luís XIV.

O livro se estende até o século XXI, em meados de sua segunda década, quando a crise econômica mundial mostra a que veio e, mais uma vez, a moda masculina promete – e cumpre – transformações. Nosso olhar de moda é menos acadêmico – com todo respeito aos que o são – e mais focado no desejo do homem por roupa nova para demonstrar poder ou simplesmente para se exibir perante seus semelhantes.

De 1590 a 1715, enquanto a Europa passava por um período de contínuas guerras, divisões políticas e conflitos religiosos, a moda seguia sua evolução. Nunca antes os costumes sofreram tantas mudanças quanto as que ocorreram nesses 125 anos, tornando as roupas mais refinadas, vistosas e elegantes.

Figura 1.1 - Um varão enfeitado.

Por mais que a Idade Média estivesse distante no tempo, por maiores que fossem as influências das pressões econômicas, por mais acirrada que fosse a batalha pelo poder entre as nações europeias, por mais drásticas que fossem as mudanças sociais e ainda que todo esse contexto interferisse nos costumes de todos os países, o século XVII chama a atenção para a formação de uma nova estética e uma nova concepção de vida.

Por motivos políticos e econômicos, a Itália e a Espanha – mais particularmente – perderam sua supremacia com o correr do século. A França, em sucessivas fases de recuperação, autoritarismo e absolutismo, e a Holanda, recém-independente e entrando em sua era dourada, de muita prosperidade, impuseram suas forças na Europa. A Inglaterra estava quieta, concentrando energia e ganhando poder econômico. França e Holanda estavam, então, prontas para exercer sua superioridade como as duas principais influências na evolução da moda. E exerceram. Tiveram quase total domínio sobre as roupas europeias. No entanto, o século XVII pertence à França, por isso vamos concentrar nossa atenção na terra do Rei Sol. Quem foi ele?

O primeiro "pavão" da história: Luís XIV, o Rei Sol, nosso astro

Quem foi o Rei Sol? Luís XIV, é claro! Foi ele quem ditou as regras do bem-vestir no século. A corte de Versalhes foi o epicentro da moda francesa. Uma nova era de refinamento expandiu-se por todo o continente europeu e, em consequência, pelo mundo. O estilo francês influenciou a maneira de vestir das classes alta e média de todo o planeta naqueles tempos.

"O Estado sou eu" (ou *"L'État c'est moi"*), uma das mais memoráveis máximas da história, sobretudo naquele século, foram palavras pronunciadas pelo soberano que reinou na França de 1643 a 1715, portanto durante 72 anos, entre os séculos XVII e XVIII. Foi o maior monarca absolutista daquele país. Com essas palavras, ele afirmava que seus poderes não tinham limites. E isso era válido não apenas para seu país, mas para toda a Europa, alcançada por sua extraordinária influência que marcou o ritmo da cultura, da economia e da política europeias. Ficou conhecido, desse modo, como o Rei Sol.

Figura 1.2 - Luís XIV com o seu "terno" original.

Vamos entender um pouco melhor as datas do reinado de Luís XIV

Luís XIV assumiu o trono aos 5 anos, em 1643, mas passou a governar de verdade apenas aos 23 anos, em 1661, depois da morte de seu primeiro-ministro, o cardeal Manzarin (1602/1661). Logo, apesar de ter sido rei durante 72 anos, reinou de verdade por apenas 54 anos, até a sua morte, em 1715, poucos dias antes de completar 77 anos. Na época, pessoas longevas como ele eram raras.

Reconhecendo a influência que a arte e a arquitetura tinham sobre a sociedade, Luís XIV usou ambas como ferramentas para projetar e controlar seu ideal de governo. Todos os objetos decorativos, como roupas, interiores e móveis, eram desenhados para expressar seu estilo de vida e seu espírito de ordem, disciplina e controle governamental. Naquele tempo, ele já percebia o quanto o estilo de vida interferia nas roupas. A sociedade privilegiada cultivou a elegância, e o país encabeçou os caminhos dessa nova grande época. Os franceses introduziram as regras de etiqueta: à mesa, por exemplo, começaram a utilizar habitualmente o garfo e a faca, e o idioma francês era falado por toda a classe alta do Velho Continente.

Esse foi, então, o cenário mais que perfeito para o surgimento e a glória do primeiro "pavão" da moda masculina. A palavra inglesa *peacock* (pavão) também é usada para adjetivar homens muito vaidosos sob determinado conceito social-econômico, tal qual foi o Rei Sol.

O tão badalado palácio de Versalhes foi construído entre 1660 e 1680 pelos arquitetos Le Vau e J. Hardouin-Mansart, e Le Nôtre desenhou os jardins. Era o endereço da elegância para os europeus. A corte era composta de mais ou menos 10 mil habitantes permanentes: 5 mil viviam sem fazer nada e os demais atendiam às necessidades do rei. Uma permanente escala de festas e festivais celebrava a glória do monarca, enquanto uma multidão que colaborava com a adoração pública assistia a esses eventos. No entanto, apesar da avalanche de festividades, o rei tinha o controle da situação, pois rígidas normas e regras de etiqueta monitoravam a nobreza; assim, toda e qualquer espontaneidade fora das normas da corte estava proibida. A aristocracia francesa tinha obrigação de prestar obediência ao monarca. As suntuosas festas à fantasia impossibilitavam qualquer conspiração infame contra o rei. Ele entretinha, mas controlava a tudo e a todos. A vida em Versalhes era como um grande espetáculo de teatro dirigido por Luís XIV. O filme *Vatel: **um banquete para o rei*** (2000), dirigido por Roland Joffé, ilustra bem esse comportamento cortesão.

Figura 1.3 - Versalhes.

Os trajes cortesãos refletiam o gosto do monarca e se compunham de perucas frisadas com cachos, saltos altos e roupas confeccionadas com perfeição. As mulheres desfilavam luxuosos vestidos de seda e riquíssimos brocados com caudas que eram levadas por pajens. Tudo era luxo.

Como em todos os centros elegantes, a sociedade chegaria a se cansar de tanta opulência. Em Versalhes, contudo, a vida suntuosa e, ao mesmo tempo, decadente que representava Luís XIV e seu círculo mais próximo inspirava esteticamente o Velho Continente. As cortes e as nobrezas europeias imitavam a glória do Rei Sol. Um bom exemplo? Na Restauração Inglesa de 1660 deu-se o retorno do exílio de rei Charles II após uma década na França. Sua corte refletia a de Luís XIV, porém menos elegante. Era conhecido como **Merrie monarch** (O rei alegre) em razão de sua alegria de viver, do hedonismo de seus cortesãos e de seu interesse pela moda.

Embora exista uma disputa entre França (Luís XIV) e Inglaterra (Charles II) pela paternidade do conceito do traje, o terno executivo moderno, como vestimenta de homens de negócios, estadistas, reis, burgueses, aristocratas e plebeus, e composto de três peças – calça, paletó e colete –, começou a ser formatado na corte francesa. Os alfaiates reais foram os primeiros a ter a ideia de confeccionar as três peças-chave: o *justaucorps* – espécie de paletó bem amplo, ou casaca, que, com o passar do tempo, foi ficando mais limpo –; os culotes e o colete longo. Eram confeccionadas no mesmo tecido, na mesma cor e com o mesmo padrão, editando, assim, uma trinca – em português, terno. O traje era composto de muito mais elementos, mas, para nós, a base importante são essas três peças. Alguns autores outorgam a Charles II a autoria do colete curto de lã, usado como ferramenta política para tentar organizar a Inglaterra abalada pela Restauração, em 1660.

Figura 1.4 - Comparação entre dois monarcas - os sapatos são iguais.

Qual foi a colaboração de Charles II para a criação do colete curto?

A paternidade do ancestral do terno executivo moderno é disputada pela França e pela Inglaterra. A primeira, a mais crível, é representada por Luís XIV; e a segunda, por Charles II. No livro *The men's fashion reader* (2009), uma compilação de ensaios editados por Peter McNeil e Vicki Karaminas (segundo capítulo, "The three piece suit", da primeira parte "A brief history of men's fashion"), David Kuchta afirma que o rei inglês teria inventado ou adotado o colete curto (o do Luís XIV era longo). De acordo com os cronistas – os críticos de moda da época –, a motivação para a invenção teria sido política e o colete, fabricado com lã inglesa, foi incluído às vestes reais como a terceira peça, destacando-se do *justaucorps*, feito em brocados e sedas francesas.

Charles II seguiu o exemplo do rei francês e decretou em sua corte, na Inglaterra, em 1666, que todo homem deveria ser obrigado a usar o *justaucorps*, o colete, os culotes, uma *cravat* (ancestral das gravatas modernas) e um chapéu como parte integrante dos trajes dos nobres e plebeus. Essa era a roupa a ser usada nas ruas ou fora das casas e dos palácios. Assim, ele também reforçou em seu país as bases do terno moderno.

Capítulo I - Século XVII

Figura 1.5- O colete curto de Charles II.

Juntos, Luís XIV e Charles II causaram uma verdadeira revolução no guarda-roupa, emplacando o estilo mundo afora, a começar pela Europa daquele tempo. Para justificar as absurdas despesas com roupas, o espertíssimo Rei Sol mandou outra máxima: *"La mode, c'est le miroir de l'histoire"* (em bom português: "A moda é o espelho da história"). E ele não estava errado.

Samuel Pepys e John Evelyn, grandes cronistas ingleses e observadores dos hábitos da população, comentavam sobre a moda do rei. Logo em seguida às ordens de Charles II, John Evelyn, em suas crônicas, convida os homens de bem a usarem trajes mais simples. Uma epidemia que se abatera sobre Londres em 1665 e o grande incêndio de 1666 – que quase deixou toda a cidade transformada em cinzas – seriam um castigo à esbórnia dos gastos absurdos com roupas feitos pela corte. Foi então que Charles II decretou, naquele ano, a mudança dos trajes cortesãos.

Apesar da grande influência de Luís XIV e das monarquias europeias em geral, o poder da nova classe média não podia ser subestimado. Com o progresso e o desenvolvimento da nova burguesia, a moda e seus modismos manifestaram-se em ritmo frenético. Muitos enriqueceram e começaram a experimentar roupas e estilos que, naquele tempo, ultrapassaram as barreiras sociais. A classe média adotou o estilo da classe alta, que foi forçada a mudar sempre, a buscar novas modas para se distinguir das massas.

A moda desse período, o barroco, também refletia o espírito do movimento artístico: as roupas, como a arquitetura e a escultura, eram flutuantes e fluidas, e as silhuetas básicas de ambos os sexos, mais naturais e elegantes. As mulheres abandonaram o uso excessivo de decoração renascentista.

No século XVII, o vestuário refletia a personalidade individual. A opinião dos clientes desempenhava papel fundamental na criação e na confecção de uma roupa com alfaiates e costureiras. Isso era válido para homens e mulheres.

A partir de 1650, aproximadamente, a moda francesa imperou, em definitivo, na Europa, sucedendo a influência espanhola. O estilo barroco tomou conta da corte de Versalhes. As roupas, ainda que muito elaboradas e adornadas com laços, rendas e afins, ganharam mais a cara das roupas modernas, usáveis, por incrível que pareça, diferentes das insólitas roupas do século anterior.

A França e os produtos de luxo

A França iniciou o esforço por se tornar um dos maiores provedores de produtos de luxo do mundo. O impulso inicial foi dado pelo cardeal Richelieu, que foi ministro do pai de Luís XIV, o rei Luís XIII. Richelieu instalou em Alençon uma indústria de fabricação de renda, acabando com a importação da Itália. Jean-Baptiste Colbert, ministro das Finanças do Rei Sol, organizou o Tesouro em 1665, de maneira a fabricar no país as matérias-primas de todas as roupas que se usavam na França. A cidade de Lyon se converteu em um grande centro fabricante de seda e brocados. Os decotes, tanto os femininos quanto os masculinos, eram adornados com colarinhos de rendas, alguns tão amplos que chegavam a ocultar os ombros, parecendo uma pequena pelerine.

A moda francesa era divulgada em toda a Europa por meio de bonecas que cruzavam o continente para que as roupas pudessem ser vistas por outros monarcas. Tinham a metade das proporções de uma pessoa normal e eram vestidas com a moda da corte de Luís XIV. As bonecas-modelo eram fabricadas em Paris, na rue Saint Honoré. Notícias sobre o novo corte do *justaucorps*, por exemplo, começaram a aparecer nos periódicos franceses, que eram distribuídos por toda a Europa, plantando, assim, as raízes da imprensa de moda. O periódico *Le Mercure Galant* era lido nas cidades de Viena, Berlim, Madri, Londres e Bruxelas.

No fim do século XVII reapareceu um conceito antigo, mas que já era praticado na Roma Imperial, na Antiguidade Clássica, segundo o qual as roupas deveriam ser sazonais, variar de acordo com as estações, usando tecidos mais leves para o verão e mais espessos e quentes para o inverno. A ideia de lançar coleções específicas para cada temporada só aconteceu mesmo no fim do século XIX, quando o inglês Charles Frederick Worth criou a alta-costura em Paris.

Capítulo I - Século XVII

Figura 1.6 - As bonecas-modelo de Luís XIV.

Surge o modista

O século barroco também assistiu à ascensão do modista, embora ainda não como o criador de moda de hoje. O grêmio dos profissionais patrocinados pelo rei que se dedicavam a criar roupas era formado por homens e mulheres, que aconselhavam seus clientes a experimentar formas, tecidos e cores. Madame de Sévigné se gabava da maestria de seu famoso alfaiate Langlée. Em período anterior, as roupas eram feitas em casa ou encomendadas a alfaiates. Os novos nomes, como Madame Villeneuve, Monsieur Regnault e Monsieur Gaultier (não confundir com Jean Paul Gaultier, estilista francês dos séculos XX e XXI), eram uma espécie de maisons (casas) de alta-costura.

As roupas masculinas no século XVII

No início do século, as roupas masculinas eram de um estilo mais sóbrio. Por volta de 1620, começaram a aparecer sinais de mudanças, como o colarinho engomado e o colarinho plano, em substituição aos rufos ou à guarnição de tecidos franzidos usados como golas, tão armados que davam a impressão de engessar o pescoço. Entre os vários tipos de golas usadas no início do século, o único a sobreviver até o ano de 1630 foi a gola de rendas, fechada na frente e que caía folgadamente sobre os ombros. Apenas as pessoas ricas podiam dar-se ao luxo de usar trajes desse tipo. Assim, surgiu a versão mais modesta, mas não menos nobre, em linho de boa qualidade, com renda apenas nos enfeites.

O luxo era evidente nos tecidos suntuosos com os quais se confeccionavam as roupas e o corte rigoroso de cada uma das peças, mostrando evidente aprimoramento no trabalho dos alfaiates. Os verdadeiros cortesãos viviam sem fazer nada, e, para tal esforço, vestiam-se a caráter.

Durante toda a primeira metade do século, a capa foi peça fundamental na indumentária do homem. Mantinha-se seu feitio, chegando a altura à metade da coxa. Costumava-se lançar a capa sobre um dos ombros, enrolando-a no corpo. As camisas, então com um corte amplo, eram ajustadas no punho. Aí surgiu o protótipo do punho francês para abotoaduras, mas que só emplacaram no século XIX. As avós das abotoaduras modernas, entretanto, foram encontradas em espólios do século XVII, embora apenas uma peça do par.

O esquisito rhingrave

Por volta de 1650 o rei importou um modismo, uma roupa desconfortável e meio "carro alegórico", uma espécie de saia-calça enorme denominada *rhingrave*. Os franceses também a chamavam de variação do *haut-de-chausses*, um calção que ia da cintura aos joelhos. De acordo com o livro *The mode in costume: a history of men's and women's clothes and accessories from Egypt 3000 B.C. to the present* (1958), de R. Turner Wilcox, o traje foi importado da Holanda pelo conde Salm, cujo título era conde de Rhine, ou Rheingraf, daí o nome *rhingrave*.

Essa roupa esquisita ficou na moda até a posterior adoção do *habit complet à la française*, composto de três peças: o *justaucorps*, o colete longo (que, com o passar do tempo, foi ficando mais curto) e os culotes (calção justo que ia até os joelhos e que, no fim do século XVIII e início do XIX, começa a ser substituído pelas calças compridas). Isso em linhas gerais; vamos, porém, aos detalhes, já que, na fase barroca da moda, período em que estamos, nada acontece sem detalhes.

Figura 1.7 - O *rhingrave*.

Capítulo I - Século XVII

Até 1650 os homens ainda usavam os mesmos calções largos de dez anos antes. Os novos e importados do norte, *rhingraves*, eram tão largos que precisavam ser franzidos na cintura. Essa largura excessiva provocou uma revolução nos calções, que se transformaram em uma espécie de saia ampla que ia dos quadris até pouco abaixo dos joelhos. A cintura era toda enfeitada com fitas coloridas. As meias cobriam até a metade da panturrilha e os sapatos eram ornamentados com fitas largas, engomadas. Poderia ser mais suntuosa e barroca a roupa dos nobres? Na parte de cima, um gibão curto (ou *pourpoint*) – casaco curto ou jaqueta mais justa e de mangas curtas – arrematava o traje, que privilegiava a parte de baixo. Na Holanda, onde se originou como roupa da moda, era de bom-tom para as pessoas distintas (*hommes de qualité*), mesmo não sendo eles protestantes, usar menos enfeites e na cor preta. Já o cidadão comum de classe média usava ainda o calção largo, amarrado abaixo dos joelhos, e o gibão.

Por fim, um pouco depois de 1660, o *rhingrave* e o gibão enfeitado dos nobres passaram a ser considerados pouco adequados para o dia a dia. Os homens caíram na real. Surgiu daí a *casaque* ou o *mandilion*, substituindo a capa, usada mesmo com traje a rigor, confeccionada com os melhores tecidos e ornamentada com rendas e galões. Era a roupa dos mosqueteiros.

Para esclarecer: a casaca moderna

Atenção, pois a palavra *casaque* empregada para a peça daquele tempo, embora seja parente remoto, não tem nada a ver com a casaca de hoje, o traje formal de nossos dias. Surgiu no século XVIII e atravessou os séculos XIX e XX. A *casaque* – originária do *frock coat* – a princípio era usada como roupa para o dia no início do século XVIII. Passou por modificações estilísticas, tornou-se *riding coat* para os ingleses; redingote para os franceses, uma corruptela do termo em inglês. Foi desse traje que evoluiu a moderna roupa – a casaca, com cauda longa e bipartida atrás, editando o traje mais formal do guarda-roupa masculino de hoje.

É possível entender como as roupas masculinas evoluem e são todas ligadas entre si e têm sempre um porquê para serem como são. O mais difícil é a missão de interligar todas as origens, comparando registros de historiadores e estudiosos, que às vezes se contradizem. Como este livro, no entanto, não tem a pretensão de ser um tratado sobre a evolução da indumentária masculina, fazemos apenas registros e fornecemos as pistas para quem quiser se aventurar a apurar ou aprofundar seu conhecimento.

Voltando ao século XVII

A *casaque* era ampla demais, portanto desconfortável; surgiu, por isso, a versão mais justa, batizada de *justaucorps*, que era mais ajustada até os quadris, abrindo-se até os joelhos. Era uma espécie de paletó, usado com colete longo e culotes. Logo depois passou a ser decorado com galões e converteu-se em uma das peças mais importantes da indumentária masculina, conservando-se em uso até o fim do século XVIII, a despeito das sucessivas modificações.

Tais mudanças de estilo de determinada peça em intervalos de tempo cada vez mais curtos vão documentando o nascimento da moda como conhecemos hoje: sazonal e em movimento constante.

A origem dos botões na manga do paletó de um terno

O *justaucorps* manteve seu corte original por dez anos. Os punhos eram fechados por fileiras de botões, que foram conservados mesmo quando já não se prestavam ao propósito original, que é abotoar. Qualquer semelhança com o abotoamento das mangas de um terno moderno não é, pois, mera coincidência. Hoje em dia, no terno de um homem elegante, feito por bons alfaiates, os botões nas mangas têm casas feitas à mão, que funcionam e que podem ser desabotoadas. Nos ternos de produção em massa, até mesmo os de boas grifes, os botões nas mangas apenas enfeitam. Existe outra versão para a origem dos botões na manga de um paletó: dizem que no século XIX os botões tinham a função de evitar que o homem do povo enxugasse a boca, ou limpasse o nariz, nas mangas. Procurei bastante, no entanto não encontrei tal registro oficialmente documentado.

Figura 1.8 - Botões enfeitando mangas.

O habit complet à la française

Na segunda metade do século XVIII surgiu o *habit complet à la française*, uma evolução do *justaucorps*, outro protótipo do terno moderno, cuja casaca era um pouco mais curta, com mangas mais estreitas, punhos mais discretos e gola para cima, sem lapelas. Usava-se aberto para deixar em evidência o preciosismo dos bordados do colete mais justo, símbolo de status. O século XVIII pode ser chamado de era do bordado para homens. A Revolução Francesa acabou com a festa, e as roupas ficaram mais simples e discretas. Mais tarde, no século XIX, o homem de negócios dos tempos da Revolução Industrial – o burguês – foi aos poucos deixando de lado os resquícios do exibicionismo aristocrata, que havia voltado com o imperador Napoleão Bonaparte e que foi dando lugar à discrição burguesa do homem do início do século XX.

Figura 1.9 - *Habit complet à la française*.

O gibão

O gibão, que ainda existia como herança da Idade Média e do Renascimento, era uma espécie de casaco curto ou jaqueta, na maioria das vezes feito em matelassê, usado com *chausses* (para os franceses) ou *hose* (para os ingleses) – uma espécie de meias-calças que eram, na verdade, as calças daqueles tempos. Por volta de 1670, tal roupa passou por uma importante transformação. Perdeu seu aspecto de jaqueta, tornando-se um modelo de casaca, e essa nova silhueta ganhou um novo nome: *la veste*, uma espécie de colete longo, com mangas, que ia até os joelhos; era ajustado no peito e aberto nos lados até os quadris. Tinha abotoamento em toda a parte da frente e era o traje habitual para os homens usarem em casa. Quando saíam às ruas, vestiam o *justaucorps* por cima de *la veste*. No século XVIII, *la veste* passa por uma simplificação: perde as mangas e fica mais curta, até a altura da cintura, transformando-se no colete, como o conhecemos hoje. Isso aconteceu no reinado de Luís XV, segundo o *Dictionnaire international de la mode* (2005), um compêndio precioso para estudantes de moda e curiosos. Devemos lembrar que Charles II, o rei inglês que ficara exilado na Paris de Luís XIV por motivos políticos, criou um colete curto, com lã inglesa, quando voltou a Londres.

Os culotes

No início do século XVII, as *chausses* ou *hose* foram substituídas pelos culotes. Em francês, a palavra culote vem do diminutivo de *cul*, que significa nádegas, bumbum, e data de 1515. Na versão inglesa, a palavra *breeches* data de cerca de 1205. É sempre usada no plural, já que o traje tem duas pernas – assim como as calças. Neste livro, usa-se também a palavra no singular, calça, uma linguagem mais informal.

Não se sabe ao certo sua origem. Estudiosos dizem que, no fim do século XVI, os culotes começaram a substituir as *chausses* ou *hoses* usadas com o gibão. A história dos culotes, que sempre foram usados pelas classes altas, está ligada à evolução das calças desde o fim da Idade Média. Durante a Revolução Francesa, no século XVIII, eles foram substituídos pelas calças compridas (*pantalons*) dos sans-culottes, representantes do povo e da burguesia, que literalmente decapitaram a aristocracia. Mais tarde, Napoleão Bonaparte os trouxe de volta à cena da moda da época. Os culotes percorrem o guarda-roupa masculino até o início do século XIX, quando começam a ser trocados pelas calças, substituição que ocorre de maneira definitiva em 1830.

A cravat

Pouco depois do aparecimento do *justaucorps*, a gola de renda abriu caminho para a *cravat*, que fora usada pelos mercenários soldados croatas por volta de 1630. Tratava-se de uma faixa de tecido branco, de 30 cm de largura por 1 m de comprimento, que se usava ao redor do pescoço e se amarrava em nó na parte da frente. Entre 1665 e 1680, a faixa era amarrada com grandes laços de fita, cujas pontas desciam até o peito, espalhando-se em forma de leque.

Luís XIV e o luxo das roupas masculinas

Sem dúvida, depois da ascensão de Luís XIV ao trono, as roupas masculinas ficaram cada vez mais luxuosas, feitas em brocados, com bordados em ouro ou prata e sedas caras. Nelas, gastavam-se fortunas, e o bom gosto foi substituído pela ostentação. O Rei Sol era considerado o homem mais bem-vestido da Europa, e seu estilo opulento influenciou monarcas e nobres de todo o continente europeu. Era um verdadeiro lançador de moda, seus modelos eram copiados por todos.

Para ele, nada era suntuoso demais e, em algumas roupas, mais de trezentas fitas adornavam o traje. Tamanha era a extravagância com a moda dos homens que o governo francês promulgou um edital restringindo o uso de ouro e prata nos bordados. Naquela época, esses metais eram usados não apenas em roupas, como também em carruagens, e havia nobres gastadores que esbanjavam e acumulavam enormes dívidas. Sem dúvida, a legislação teve pouco efeito. Os protestos dos artesãos foram tão irados que o governo teve de retirar a lei. Vimos, neste capítulo, a primeira evolução do terno executivo, que, depois de muitas transformações, passa a ser chamado de *business suit* no fim do século XIX. O *justaucorps*, usado com coletes e culotes, liberou os homens dos ridículos *rhingraves*. Entre os agasalhos e sobretudos, destaca-se o brandemburgo (*brandenburg*) – um casaco usado originalmente pelos soldados prussianos e cuja silhueta inspirou os abrigos masculinos dos três séculos seguintes.

Os tecidos masculinos do século XVII

As roupas masculinas e femininas eram muito variadas, mas confeccionadas com os mesmos tecidos ou materiais. As rendas, por exemplo, eram usadas em todos os tipos de vestimentas. Os trajes das crianças, como gorros e vestidos, levavam adornos com rendas, e as roupas dos pequenos imitavam as dos adultos. A França não tinha rival na Europa como centro produtor de rendas. Calais, Lille, Sedan, Normandia, Le Havre, Dieppe, Rouen e Honfleur eram cidades conhecidas por suas indústrias rendeiras. Oise, ao norte de Paris, produzia tanto as finas rendas de seda como as metálicas. Além de fabricarem sedas, as oficinas e os ateliês de Lyon confeccionavam rendas em ouro e prata.

Jean-Baptiste Colbert, que era ministro das Finanças, seguindo a conduta do cardeal Richelieu, impulsionou a indústria da renda. Ele estabeleceu a proibição de copiar o que se fazia em outros lugares da Europa, como era o caso de Veneza. Desenvolveram-se assim as rendas tipicamente francesas, com desenhos novos, nunca vistos, originais. Para chegar a tal resultado, Colbert recorreu aos grandes artistas da corte, que implantaram a produção das rendas de luxo como um produto nacional francês.

Rendas, sedas brilhantes e veludo eram os tecidos mais populares no início do século. As classes média e baixa também se vestiam com trajes confeccionados com lã e linho. Entretanto, nem tudo estava proibido de ser importado. Por exemplo, as roupas masculinas usadas nas ruas eram em couro espanhol. Quase no fim do século decresceu a demanda de rendas e, em seu lugar, a musselina vinda da Índia ganhou popularidade, importada pela Companhia das Índias Orientais. Seguindo a onda sazonal que começou a tomar corpo nessa época, para o verão usava-se morim estampado. A impressão com carimbos – uma técnica originária do Oriente, em particular da Índia – era um método que reproduzia estampas populares da Pérsia sobre tecidos confeccionados na Inglaterra. Fitas, galões e franjas eram produzidos na Itália, na Espanha e na França.

Joias do século XVII

No início do século, prevalecia o gosto por joias simples, porém elegantes. Um discreto colar de pérolas com diamantes lapidados em forma de lágrima e pedras preciosas em fileira, cruzando um colo adornado por rendas, era a espécie de joia que uma mulher rica da época usava. Quando a França se tornou o centro da rota do luxo, os joalheiros mais famosos saíram de Florença e se instalaram na capital francesa para atender a família real. A princípio, produziam as demandas de Maria de Médicis e Henrique IV; depois, as de seu neto, Luís XIV, e de Madame de Maintenon, que se casaram em uma cerimônia secreta em 1684. A nova rainha, mulher do Rei Sol, considerava o uso de joias essencial para a figura feminina.

Nesse período, a procura por pérolas cresceu de modo considerável, mas a popularidade dos diamantes foi aumentando até eles caírem no gosto do rei. Eram originários das minas na Índia e lapidados em Amberes, em Amsterdã e, mais tarde, em Paris. Luís XIV usava diamantes até nas fivelas dos sapatos.

Figura 1.10 - Luís XIV, com 1.500 quilates de diamantes na roupa e nos sapatos.

Uma famosa gravura do século XVII detalha Luís XIV vestindo um traje para o dia. No *justaucorps*, ele exibe 1.500 quilates de diamantes, ao longo de 125 botões, além das fivelas dos sapatos e das ligas que seguravam as meias. Em outro traje, o rei usou um colete com um conjunto de 48 diamantes. As pedras coloridas, preciosas e semipreciosas, como topázios, safiras, rubis, esmeraldas, turquesas e corais, eram as favoritas da corte.

Abotoaduras e punho francês

Alguns autores afirmam que as abotoaduras, como conhecidas hoje, surgiram no século XIX, mas temos registros dessas joias masculinas desde o século XVII, quando ainda não havia o punho de camisa, o qual, mais tarde, foi batizado de punho francês. A manga acabava na altura dos punhos e era fechada por fitas, cordões de couro ou pela joia precursora da abotoadura. Os relojoeiros eram muito considerados nas cortes europeias, como comprovam as muitas gravuras de época.

Grooming: cuidados de higiene e beleza no século XVII

Os odores – prazerosos ou repugnantes – estão associados ao século XVII. A água era considerada nociva para a pele, e a maioria das pessoas evitava banhar-se com frequência. Em lugar do banho, procuravam diminuir os odores friccionando o corpo com toalhas molhadas e trocando constantemente de roupas. Acreditava-se que uma camisa branca e limpa poderia absorver a sujeira da pele.

O perfume era outro substituto da limpeza. Utilizavam-se pomadas compostas de âmbar cinza e benjoim para dissimular o odor corporal, entre outros macetes para espantar os maus odores. Os aromas eram aplicados ao corpo como algo medicinal. Chupavam-se pastilhas perfumadas para limpar os dentes, apodrecidos por falta de higiene, o que era muito comum. Luís XIV se cercava de deliciosos perfumes em Versalhes. O perfumista Martial, favorito da corte, tinha o próprio apartamento para misturar odores e perfumes destinados ao rei. De fontes brotavam águas de flores de laranjeira, e pelo palácio borrifavam-se águas cheirosas e espalhavam-se almofadões perfumados. Homens e mulheres usavam lenços e luvas perfumados. Tudo se perfumava com fortes fragrâncias de especiarias, musgo e âmbar.

No que se refere à maquiagem, as pintas artificiais no rosto, prática introduzida no século anterior, continuavam sendo um adorno facial popular entre homens e mulheres, já que na Europa era moda todos se maquiarem, ainda que o clero e os pensadores e filósofos mais influentes não aprovassem.

As mudanças mais notáveis, todavia, ocorreram nos penteados. O cabelo natural foi negligenciado tão logo se introduziram as perucas. Estas já eram usadas na corte desde o reinado de Luís XIII (1610-1643), mas saíram de moda durante um período no reinado de Luís XIV, que gostava de exibir seus cabelos longos durante o tempo que os teve, já que reinou por 54 anos. Há boatos de que ele começou a usar perucas para ganhar na altura, pois era de baixa estatura. Outros dizem que foi quando começou a ficar calvo. Não apenas ele, mas toda a corte, é claro, aderiu ao uso das perucas. Outras fontes afirmam que foi ele quem lançou as perucas altas de longos cachos que ficaram na moda por, pelo menos, mais um século.

Por volta de 1670, as perucas eram pequenos cachos, em massa, que pendiam em grande desalinho. Em seguida, começaram a aumentar de tamanho, chegando até o meio das costas. A grande peruca foi o estilo mais popular entre 1680 e o início do século XVIII. Sob o reinado de Luís XIII (1610-1643), o tamanho da barba começara a diminuir e o cavanhaque saíra inteiramente de moda. Por um tempo, admitiu-se um pequeno bigode, mas este desapareceu depois de 1700. Luís XIV não usava barba nem bigode, e dizem que foi ele quem emplacou a cara lavada em todas as outras monarquias europeias. Alguns poucos quadros que retratam o Rei Sol, no entanto, exibem um pequeno e discreto bigode.

Os cabeleireiros, a exemplo dos criadores de moda, ganharam destaque em Versalhes e em todas as cortes, embora o fato causasse desconforto ao clero, que excomungava mulheres que incumbiam homens de cuidar de seus cabelos. Em 1665, a maioria dos ingleses usava perucas. Quando Colbert, o ministro das Finanças, detectou a crescente popularidade do artefato, logo impôs taxas ao seu comércio. Na confecção das perucas utilizava-se cabelo importado, de cores naturais; o benefício, porém, residia em exportá-las depois de prontas, com o aval de Versalhes, que era uma verdadeira grife. As mais caras eram de cabelos naturais, louros ou castanhos.

Os saltos de Luís XIV

Os saltos altos são uma invenção do século XVII. Antes, eram utilizados por soldados apenas para manter o pé no estribo. Quando os cavalheiros incorporaram as botas ao traje diário, os saltos entraram na moda tanto para homens quanto para mulheres, que começaram a usar saltos altos. Isso contribuiu para os homens sentirem-se mais importantes e influiu no gestual afetado dos nobres. Tudo ideia do Rei Sol, que, às vezes, usava saltos de 12,5 cm. Ele tinha uma queda por saltos de couro na cor vermelha – estilo que foi disseminado por seus modistas, chegou à Inglaterra e caiu nas graças de reis e cortesãos. São muitos os quadros conhecidos que retratam Luís XIV com seus saltos altos vermelhos, fazendo um contraponto com a cor dourada no restante dos sapatos. O rei inglês Charles II, em dois de seus retratos famosos, usa os saltos vermelhos criados pelo rei francês.

Até o século XVII, os saltos masculinos e femininos tinham uma estrutura similar; à medida que o século foi avançando, contudo, as formas começaram a se distinguir. Os sapatos das mulheres eram discretos se comparados aos modelos pomposos exibidos pelos homens, imitando os do rei, que usava e abusava de fivelas com diamantes. As botas, símbolo de masculinidade, eram utilizadas pelas mulheres apenas quando montavam para cavalgar.

Figura 1.11 - Os saltos de Luís XIV e os de Charles II.

Gravatas e lenços

Do modelo *cravat*, chegamos ao formato moderno do acessório. De acordo com o livro *The visual dictionary of fashion design* (2007), a *cravat*, a princípio, era um lenço comprido amarrado ao pescoço, com as pontas sobrepostas na frente. O item entrou na cultura parisiense por volta de 1630 quando os mercenários croatas (daí *cravat*) estiveram na cidade para apoiar o rei Luís XIII contra o duque de Guise. Esses soldados a usavam como parte de seu uniforme militar.

O estilo chegou aos ingleses, levado pelo rei Charles II, de volta do exílio em 1660. Como já vimos, o rei inglês seguiu o exemplo do rei francês Luís XIV e decretou na corte inglesa, em 1666, que todo homem deveria ser obrigado a usar o *justaucorps*, o colete e os culotes, arrematados por uma *cravat*, reforçando, em seu país, o conceito das três peças do terno, criado na verdade por Luís XIV.

Laços e outros adornos para o colarinho converteram-se em um elemento essencial e complicado da indumentária do homem do século XVII. Destaca-se também o modelo *steinkirk*, outro ancestral da gravata moderna, que toma seu nome da batalha de Steinkirk (conhecida também como batalha de Steenkirk), ocorrida em Flandres, em 1692. As *cravats* transformaram-se em acessório fundamental porque ajudavam a realçar o rosto.

Algumas eram compostas de laços, enquanto outras tinham de ser atadas em nós. Eram confeccionadas em rendas francesas ou venezianas. Na década de 1680 a gravata de renda, que proporcionava um aspecto pesado, foi substituída por um tecido adornado que se amarrava no pescoço. Este, em comparação com a *cravat*, tinha um desenho mais delicado: uma larga tira de linho ou musselina, com rendas ou com as bordas decoradas, que podia ser enrolada ao redor do pescoço e arrematada com um nó.

Por volta de 1690 surge o tricórnio – um chapéu de abas levantadas que formavam três bicos, adornado com plumas –, que se tornou o acessório do homem elegante no século seguinte, o XVIII.

1715: morre Luís XIV. A herança do Rei Sol

Quando Luís XIV subiu ao trono, sua nação não era, de maneira alguma, associada a elegância. Depois dele, os franceses passaram a ser considerados verdadeiros árbitros de estilo, inquestionáveis, e mantiveram a hegemonia nos negócios de luxo, que permanece até os nossos dias. Luís XIV deu status ao diamante, que passou a significar riqueza, poder e glória, além de fortalecer laços emocionais, transformando um anel de brilhante em um símbolo de compromisso. Elevou a gastronomia ao status de *haute cuisine* e agregou glamour ao champanhe francês. No fim do século XVII, gravuras anunciavam a nova moda: o uso de beberagens exóticas, como o café. Nessas gravuras, mostrava-se como a corte bebia seu cafezinho: ao ar livre, mas em um verdadeiro ritual. O monarca também popularizou o uso de espelhos depois da construção de Versalhes, o que acabou levando a um novo comportamento no vestir: os nobres podiam ver como era composto seu estilo enquanto seus pajens os vestiam, ficando mais exigentes na produção dos detalhes. Muitas gravuras de época mostram também os jantares suntuosos que eram oferecidos ao rei. Algumas exibem a aprovação pessoal de pratos, talheres e copos e dos lugares à sua volta – *placement* –, evidenciando as boas maneiras em Versalhes.

Luís XIV foi, inquestionavelmente, o primeiro "pavão" da moda masculina. Sob sua batuta, os trajes dos homens passaram a ser ricos e ostentosos. Suas roupas – copiadas por todo o mundo de sua época – eram verdadeiras obras de arte. Entretanto, não foi apenas esse seu legado.

O Rei Sol patrocinou o trabalho de escritores como Voltaire e do dramaturgo Molière, figuras de destaque do Iluminismo, com obras que arejaram o pensamento ocidental. Os diamantes e o champanhe, por exemplo, tornaram-se sinônimo de sofisticação durante seu reinado. O mesmo aconteceu com a gastronomia francesa, com seus chefs, bem como com o conceito de butiques de grife e com os salões de cabeleireiros.

Sob seu poder, o luxo deixou de ser exclusividade dos nobres para se transformar em objeto de desejo e de consumo. A Europa ficou fascinada e foi influenciada pela corte francesa. Luís XIV cuidava para que sua imagem pessoal refletisse poder em todos os detalhes. A conexão do rei com o luxo não era apenas uma questão de vaidade, mas parte da estratégia de promoção da França. Paris deixava suas rivais, Londres e Amsterdã, para trás.

Um dos aposentos mais famosos de Versalhes – a sala dos espelhos – foi construído seguindo suas orientações. Há trezentos anos o espelho era uma preciosidade. Vidraceiros faziam alguns poucos exemplares em Veneza, mas eles eram pequenos, irregulares e muito caros. O rei levou a tecnologia dos espelhos para a França e mandou que se produzissem peças grandes, capazes de cobrir paredes inteiras, para enobrecer o ambiente e fazer tudo parecer maior que a vida.

Foi ele quem inventou o conceito da sobremesa. Até o século XVII, os doces eram servidos com os pratos salgados, nas refeições. Foi dele também a ideia de iluminar Paris à noite. Tal prática mudou hábitos e costumes e alterou o funcionamento das cidades. Durante todo o Renascimento, a pérola era considerada a mais nobre das joias. Um dia, um joalheiro mostrou ao Rei Sol um diamante que havia trazido da Índia, e ele se apaixonou pela pedra. Deu-se, assim, um verdadeiro boom no mercado joalheiro. Em 1669, o rei gastou o equivalente a US$ 75 milhões em moeda de hoje para comprar todos os diamantes disponíveis, e os alçou a objetos desejados em toda a Europa. Luís XIV profissionalizou o luxo e o projetou para a história.

Capítulo II - Século XVIII

O habit complet à la française *e os sans-culottes*

Principais manchetes do século XVIII: o Século das Luzes – a era do Iluminismo

1702-1714 – Acontece a Guerra de Sucessão Espanhola.
1703 – É construído o palácio de Buckingham, pelo arquiteto William Winde, para o duque de Buckingham.
1713 – É assinado o Tratado de Utrecht.
1714 – São assinados os tratados de Rastatt e de Baden.
1715 – Morre Luís XIV, o Rei Sol. Sobe Luís XV, o Bem-Amado.
1715/1775 – O estilo rococó influencia o design de interiores e a arquitetura.
1722 – A corte francesa troca Versalhes por Paris.
1731 – É publicada a Gentleman's Magazine, em Londres, a primeira revista de moda masculina da história.
1736 – Inaugura-se a fábrica de porcelana em Sèvres para Madame de Pompadour.
1751 – Publica-se a Enciclopédia francesa.
1774 – Morre Luís XV, o Bem-Amado; dá-se a ascensão de Luís XVI, o Guilhotinado.
1776 – É decretada a independência dos Estados Unidos da América.
1780 – Começa a influência inglesa na moda masculina, trazendo à tona a simplicidade. Pela primeira vez na história, os ingleses conseguem o status de árbitros de estilo masculino.
1785 – É inventada a primeira máquina a vapor de James Watt.
1789 – Sucede a Queda da Bastilha (14 de julho), auge da Revolução Francesa.
1793 – Morre guilhotinado Luís XVI.

Contexto histórico

O século XVIII também começou com a Europa em guerra, dessa vez a Sucessão Espanhola (1702-1714), que envolveu todos os países do continente. Os tratados de Utrecht (1713), de Rastatt e de Baden (1714) puseram fim ao conflito. O primeiro desses tratados contribuiu fundamentalmente para o crescimento do poderio marítimo e colonial da Inglaterra. Luís XIV reinava em Versalhes, e sua França estava no topo do poder. Sem dúvida, à medida que o tempo corria, mudanças passavam a ser avistadas na calmaria do horizonte. A balança do poder na Europa passou por transformações.

A França retinha o lado cultural da hegemonia que vinha do século anterior, mas, com a queda de seu império colonial, teve de reconhecer a perda do poder que exercia no mar e ver diminuir seu papel nos negócios internacionais. A Inglaterra, que se beneficiara da rivalidade com a França, também se enfraqueceu com a emancipação de suas colônias americanas. Apesar disso, começou a se concentrar na supremacia marítima. Enquanto Suécia, Espanha e Holanda recuavam passo a passo para se tornar potências de segunda importância, Prússia, Áustria e Rússia, que haviam dividido entre si a Polônia, mudaram, em vantagem própria, o centro de gravidade para o leste europeu.

A indústria e o comércio prosperavam, mas esse desenvolvimento não era impulsionado pelos monarcas europeus, muito menos pela nobreza. Uma classe média urbana protagonizava muitos dos acontecimentos. Como a burguesia gozava de uma nova e influente posição, fez desaparecer o estilo barroco que imperava, dando lugar ao suntuoso estilo rococó, que influenciou o design de interiores e a arquitetura, de 1715 a 1775. O termo rococó é formado pelas palavras francesas *rocaille*, que significa rocha, e *coquille*, que significa concha. Também conhecido como estilo Luís XV, esse estilo defendia o ornamento de curvas, espirais e formas curvilíneas. Assim como o barroco influenciou o estilo da alfaiataria europeia e a maneira de vestir da corte de Luís XIV, o rococó estendeu seu domínio também à moda.

Nesse contexto político e econômico, ocorreu uma transformação que afetou, sobretudo, a indumentária feminina. Enquanto nos períodos históricos anteriores os homens trajavam roupas tão suntuosas quanto as das mulheres – e até mesmo mais luxuosas –, no século XVIII as mulheres não só se igualaram aos homens pelo crescimento evidente de seu papel na sociedade como também os sobrepujaram na riqueza dos vestidos e em outros hábitos.

Na Inglaterra, as indústrias de tecelagem foram rápida e completamente transformadas, o que resultou na abertura de novos mercados com as colônias espanholas, na abundante importação do algodão da Índia e nos muitos moinhos que produziam seda, fundados no século anterior pelos huguenotes, franceses exilados. Durante o reinado de Luís XV, a indústria têxtil teve enorme progresso. Fitas, rendas, franzidos, bordados, flores de seda e borboletas decoravam os trajes dos poderosos.

O Bem-Amado, como era chamado Luís XV, nunca escondeu que sua relação com a cortesã Madame de Pompadour florescia. Seu gosto pelo rococó, pelas porcelanas vindas de uma fábrica em Sèvres, que ela mesma inaugurou em 1736 para elaborar a porcelana francesa ao modo saxão, mudou a cara dos salões de Versalhes e de toda a Europa. Até a Revolução Francesa o mundo olhava a França com grande admiração estética. Após mil jogadas políticas, Maria Teresa, imperatriz da Áustria e Hungria, casou sua filha, Maria Antonieta, com Luís XVI, neto de Luís XV.

Nesse século, a Inglaterra também foi elevada à categoria de potência mundial. Tomou o Canadá dos franceses e dominou a Índia. Em contrapartida, os Estados Unidos, até então colônia da Inglaterra, declararam sua independência em 1776, libertando-se do que consideravam normas antiquadas de governar do rei George III.

O palácio de Buckingham, criado por William Winde em 1703 para o duque de Buckingham, foi adquirido por 28 mil libras em 1761 por George III, que o estabeleceu como sua residência oficial em Londres. Desde a ascensão da rainha Vitória ao trono, em 1837, Buckingham passou a ser a residência oficial da família real inglesa.

Capítulo II - Século XVIII

Figura 2.1 - Luís XV - O Bem-Amado.

Figura 2.2 - Luís XVI.

A segunda metade do século XVIII – o chamado Século das Luzes – presenciou a entrada na era do Iluminismo, que foi ao mesmo tempo um movimento e uma revolta intelectual. O movimento, que surgiu na Alemanha, enfatizava a razão e a ciência como formas de explicar o universo. Além disso, o Iluminismo foi um dos impulsionadores do capitalismo e da sociedade moderna, obtendo grande dinâmica nos países protestantes e influência lenta, porém constante, nos países católicos.

O filósofo francês Voltaire foi um dos defensores do Iluminismo na França e um dos fundadores, em 1751, da *Enciclopédia francesa*, cujo propósito era levar conhecimento ao povo. Ele colaborou com a semente da Revolução Francesa. Enquanto Maria Antonieta se divertia em seu palácio, o Petit Trianon, ou em seu jardim paradisíaco, o Hameau, os sans-culottes – trabalhadores do povo e agricultores – agitavam as ruas de Paris.

Em maio de 1789, Luís XVI convocou, em Versalhes, os Estados Gerais – o equivalente ao parlamento francês – e promulgou leis suntuárias. A finalidade de tais leis era regular hábitos de consumo, reduzindo o luxo e as despesas. Ficou estipulado, então, que os nobres, o clero e o Terceiro Estado (os plebeus) deveriam adotar um traje apropriado para cada classe. Os nobres usariam ouro e brocados, meias brancas e chapéus com plumas; o clero, túnicas de cor púrpura; e os plebeus, roupas de cor escura e aspecto triste. Não é à toa que ele perdeu a cabeça na guilhotina, junto com sua esposa, Maria Antonieta. Em dez violentos anos, a França deixou de ser uma monarquia absolutista e passou a ser uma república.

Assim como a história mudou irrevogavelmente com as revoluções francesa e americana, o vestuário masculino e feminino, nesse panorama de fim de século, também mudou de modo radical. O estilo francês foi muito influente durante todo o século XVIII. O mundo elegante seguiu a moda estabelecida por Paris.

Roupas masculinas

Na Europa Ocidental, incluindo a França, no início do século XVIII o traje masculino não experimentou mudanças radicais como no século anterior. No entanto, mais para o final, suas linhas gerais simplificaram-se de maneira que a silhueta de 1789 nada tinha em comum com a de 1710. A principal influência ainda era a francesa, mas a Inglaterra já vinha atacando na área e o estilo inglês convivia bem com o dos franceses. Ao mesmo tempo que os trajes se sofisticavam, silhuetas aumentavam ou diminuíam e muitas das roupas formatadas nessa época perduram até hoje, mudando de silhueta e status, como é o caso do fraque e da casaca, que emplacaram como trajes formais apenas no século XIX.

O fim de um estilo de vida com a morte do Rei Sol

A morte de Luís XIV, em setembro de 1715, e a instauração da regência de seu sobrinho Filipe de Orleans provocaram uma abertura política. A instalação da corte – antes em Versalhes – mais uma vez em Paris, em 1722, confirma a descentralização da sociedade da corte, que já vinha acontecendo desde os últimos anos do reinado do Rei Sol.

A esfera de influência da arte, da cultura e da moda também mudou para Paris. Lá, em salões e *hotels particuliers* (residências privadas), os intelectuais se misturavam à burguesia emergente para discutir filosofia e comentar as novidades mundiais.

Século XVIII: a mulher começa se destacar na sociedade

A mulher torna-se o foco da sociedade aristocrática francesa, urbana, brilhante e espirituosa; reúne-se em salões para conversas e leituras, nos quais se juntam os bem-nascidos e os ricos. Entre as favoritas de Luís XV estão Madame de Pompadour, Madame du Barry e Maria Antonieta – esposa do delfim e posterior Luís XVI, em 1770 –, sem esquecer as personalidades da vida mundana chique da Paris da época.

As formas dos trajes tornam-se mais leves no início do Século das Luzes (século XVIII), passando por exumação e renascimento. As roupas eram compostas de modelos herdados do século anterior e foram remanejadas até o início do século XIX. A evolução da moda masculina, no entanto, é mais discreta que a da feminina.

No início do século, os trajes masculinos eram constituídos por três peças fundamentais: o *justaucorps*, o colete e os culotes. A combinação formava o *habit* ou *suit* usado por todas as classes sociais, com diferenças de tecidos ou ornamentos. O homem do século XVIII usava o *habit complet à la française*, cuja silhueta foi aprimorada no período chamado Regência (1715-1723) – que cobre a menoridade de Luís XV, quando a França foi governada por seu tio, Filipe de Orleans. O *habit complet à la française* tornou-se, então, o traje formal de homens de negócio e dos nobres por toda a Europa. Na parte de trás do paletó, surgiu uma fenda que facilitava aos cavalheiros a montaria.

Gradualmente, o colete comprido anterior foi encurtando e, por volta da metade do século, chegou à cintura, que é o comprimento atual da peça. Com o tempo, converteu-se em um elemento decorativo, confeccionado, em sua maioria, de tecidos nobres como o damasco, ou veludos preciosos; tinha bolsinho, delicados bordados de paisagens, flores ou animais e botões de ouro, prata ou esmalte. Abotoavam-se apenas uns poucos botões superiores de modo que os colarinhos de rendas pudessem ser vistos. Os culotes iam até os joelhos, e lá se juntavam com meias brancas amarradas com laços.

O início do reinado de Luís XVI foi um período de grande extravagância e artificialidade. A moda havia se difundido em todas as classes sociais e era usada pelos que podiam consumi-la. Muitos se endividavam para andar na moda. Seriam esses os primatas das vítimas da moda (*fashion victims*, termo criado pelo estilista Oscar de la Renta) de hoje? Por volta de 1780, houve uma mudança de rumo em busca da simplicidade, com forte influência inglesa tanto na moda para homens quanto na moda para as mulheres. Os ingleses conseguiram, assim, adquirir pela primeira vez o status de árbitros na criação de roupas masculinas, cuja fama dura até nossos dias. Havia uma diferença tênue entre a moda masculina do período regido por Luís XV e a do período regido por Luís XVI. O *habit complet à la française* era usado apenas na corte francesa.

Tire suas dúvidas: os antepassados do fraque e da casaca

Da Inglaterra surgiu o *frock coat*, espécie de casaca com gola virada para baixo, usada do século XVIII ao XIX, que ainda daria muito o que falar por ter evoluído em diversas silhuetas e ser, portanto, um nome genérico. A palavra vem do francês *frac*, que vem do inglês *frock*, oriundo, por sua vez, do francês arcaico *froc*. Tanto *frock* quanto *frac* eram usados para designar os hábitos de monges e freiras no século XII. O fraque ou a casaca, como os conhecemos hoje, começam a se impor apenas no fim do século XIX, chegando a nossos dias com variações de forma e status.

A origem do *frock coat* está sujeita a várias interpretações. Usamos como referências históricas as informações citadas no livro *The guide to historic costume* (1995), de Karen Baclawski.

O *frock coat*, ou simplesmente *frock* – como ficou conhecido no século XVIII –, foi identificado nos círculos fashionistas ingleses por volta de 1720. Era um casaco com abotoamento simples, adaptado de uma roupa de trabalho e confeccionado em tecido de lã, com o colarinho simples e virado para baixo, punhos pequenos ou mangas terminadas em pequenas fendas. As roupas formais daquele tempo, o *habit complet à la française*, continuavam a ser usadas e tinham mais roda na parte de baixo ou saias, e a gola pequena era virada para cima, algo assim como a gola Mao. A gola virada para baixo e a silhueta mais delgada e simples, com menos ênfase nas pregas laterais, indicavam sua natureza de roupa informal. O *frock* era usado no campo para práticas esportivas, em geral com culotes em camurça e botas.

Na Inglaterra, por volta de 1750, o *frock coat* passou a ser aceito como roupa urbana do dia a dia. Aos poucos, ganhou versão mais sofisticada e teve a silhueta alterada, pois virou moda, mas manteve sua condição de roupa confortável. Passou a ser confeccionado também em linho e algodão para o verão. Por volta de 1770, surgiu uma versão francesa do *frock coat*. Era mais construída, bem-acabada, podendo, assim, ganhar enfeites como bordados e status de traje formal, ainda usado com coletes e culotes.

Em 1780, surgiram os grandes botões para adornar a roupa, que ganhou mangas mais justas com punhos redondos, editando um *frock* em tecido liso, usado com coletes e culotes de cores contrastantes. Os franceses o batizaram de redingote (*riding coat*) por causa do corte na frente, inventado pelos ingleses para facilitar a montaria. As saias ou parte de baixo da roupa estavam cada vez mais justas e, com o tempo, foram tomando a forma de duas caudas, as *tails*. Entre o fim do século XVIII e início do século XIX, o *frock* virou, para os ingleses, o *tail coat* ou *cutaway tail coat* (a casaca), que mais tarde seria um traje formal usado com gravata-borboleta branca.

Antecipando o que vamos falar na virada para o século XX, a casaca, como a conhecemos hoje, é acompanhada de calças pretas, camisa branca de peito engomado, cartola preta, sapatos pretos de verniz, meias de seda pretas, luvas e gravata-borboleta branca. As camisas e os coletes que a complementavam, quando usados por homens elegantes e de muita posse, podiam ter botões de pedras preciosas, como esmeraldas ou até mesmo brilhantes. Em francês, chama-se *queue-de-pie*. Em inglês, também pode ser *dress coat* (ou *tail coat*) ou *cutaway coat* (ou *tails*), em razão das duas caudas que alguns chamam de cauda de pinguim ou, no caso dos mais sinistros, asa-de-barata.

Segundo o *Dicionário da moda* (2004), de Marco Sabino, o fraque apareceu em 1767 e foi usado até 1850 como traje menos formal. A partir de então, com seu corte ligeiramente modificado, tornou-se mais ajustado e foi adotado como roupa de cerimônia.

O fraque e a casaca têm cauda; o primeiro consiste em roupa para o dia e o segundo (cauda bipartida), a mais formal roupa masculina, digno de recepção a reis, rainhas e grandes personalidades políticas, mesmo no nosso Brasil tropical.

Como traje masculino de cerimônia, o fraque de hoje tem o casaco em cinza-grafite ou preto, com cauda um pouco menor que a da casaca. Costuma ser usado com calça risca de giz, colete e camisa social arrematada por gravata ou *plastron*, um tipo de gravata em seda ou cetim que é amarrada em forma de lenço e tem uma pérola espetada no seu laço.

No fim do século XIX, o fraque era a roupa escolhida pelos homens para os períodos da manhã (daí os termos *morning suit*, *morning dress*) ou da tarde em seu cotidiano social. O paletó do fraque é cortado em abas que partem do peito, não na altura da cintura como na casaca.

De acordo com o elegante Julio Rego, um de nossos árbitros de estilo, o meio-fraque – sem cauda – é uma invenção brasileira, concebido a princípio para homens de estatura mais baixa. A informação também está no citado *Dicionário da moda*.

Voltemos ao século XVIII

Durante grande parte do século XVIII, o vestuário masculino inspirou-se no estilo inglês. As rendas e os laços eram considerados frívolos na Inglaterra, tanto que os rufos foram trocados por uma *cravat* de seda preta, ainda que depois esta tenha sido substituída por um *foulard* de musselina branca. O colete de um gentleman inglês era curto, confeccionado em seda pura colorida e terminava em pontas na cintura.

Na França: os sans-culottes

Na França, as roupas masculinas simplificaram-se depois do 14 de julho de 1789, Queda da Bastilha, auge da Revolução Francesa. A principal inovação foi a supressão dos culotes, estes ligados aos trajes da aristocracia, que, em sentido literal, havia acabado de perder a cabeça, podemos dizer, na guilhotina, dando lugar à burguesia. Sans-culottes foi o termo cunhado pelos nobres, por volta de 1790 e 1792, para definir os membros do Terceiro Estado – os plebeus pobres, que costumavam usar calças compridas no lugar dos culotes.

Figura 2.3 - Sans-culottes.

Sans-culottes referia-se à roupa dos extremistas das classes pobres e trabalhadoras. O traje era composto de calças (*carmagnole*) ou paletó curto – uma espécie de colete de abotoamento duplo –, tamancos de madeira, *sabots* e gorro vermelho. No quadro Singer chenard, as a sans culotte, de 1792, pintado por Louis Léopold Boilly, a roupa retratada foi usada na vida real pelo cantor Chenard como porta-bandeira na celebração cívica de 1792 e adotada pela maioria dos membros da Comuna. Representava também a roupa do dia a dia, na cidade e no campo, e também a roupa dos marinheiros. A fórmula da roupa popular coexistiu com as roupas clássicas daquele tempo, como o *habit complet à la française*.

O Iluminismo, cujo auge ocorreu entre 1750 e 1760 com a publicação da *Enciclopédia francesa*, propiciou uma nova visão do mundo, mais humanitária e mais próxima da natureza, aspirando a uma simplicidade de vida em contraposição à etiqueta e aos critérios conservadores da corte francesa. Esse período torna o clima propício à influência da Inglaterra, que contava com um modelo político e social que parecia ser menos rígido que o francês. Enquanto isso, a aristocracia rural inglesa começava a estabelecer o tom da nova moda masculina: elegante, despretensiosa, em material simples, sem enfeite e com perfeição no estilo.

De 1791 a 1792, anos fatídicos para a monarquia francesa, todos os ornamentos das roupas desapareceram e os estilos em voga no passado, ainda que tenham sobrevivido por algum tempo, também saíram de cena ao se instaurar o Período do Terror. Ricos e pobres tinham o cuidado de se vestir da maneira mais despojada possível, pois qualquer pessoa cuja aparência a colocasse sob a suspeita de ser aristocrata corria risco de vida. Nesse período, mesmo os homens mais ricos saíam às ruas com os trajes dos sans-culottes.

Passada essa fase do terror, a Revolução Francesa, que nada poupou, deixou o traje *habit complet à la française* praticamente intocado. Passou a se chamar apenas habit, sem a pompa do nome anterior. Por volta de 1790, o antigo *justaucorps*, antes privilégio e marca registrada da nobreza, era usado apenas por homens de condição social inferior. Dá para sentir a inversão de valores?

Interessante é que o nome redingote, para designar o *frock coat*, era usado apenas pelos franceses, jamais pelos ingleses. Com a Revolução Francesa, que baniu todas as diferenças de classe, os homens passaram a dar mais importância ao conforto em seus trajes. Mesmo os cavalheiros de altas estirpes substituíram o paletó, o *habit*, pelo redingote, que só se tornou de uso geral por volta de 1810, época em que o traje já havia sido tão modificado e encurtado que conservava muito pouco de suas origens, uma espécie de sobretudo. Com o passar do tempo, tornou-se uma roupa formal, de cerimônia.

Os ancestrais dos fashionistas

Ainda que os trajes masculinos fossem ficando cada vez mais sóbrios com o correr do século, surgiram grupos de excêntricos. Em 1770, os Macaronis eram jovens ingleses que haviam viajado pela Europa e cujo estilo fora influenciado por sua estada na Itália. Usavam colarinhos drapeados e uma gravata ornamentada com rendas. Para chamar a atenção nas ruas, usavam sapatos com solas de ferro que faziam ruídos ao caminhar. Seu estilo era abertamente afeminado.

Os historiadores consideram que seus trajes exóticos e agressivos acabaram com a imagem conformista do homem em relação à moda. Além disso, pelas situações de rejeição que promoveram, acredita-se que eles tentaram detonar o homem elegante, que era quase sempre aceito pelo consenso geral.

Les Incroyables foi outro grupo de elegantes contestadores que apareceu na França durante o período conhecido como Diretório (1795-1799). Esse regime constitui o último estágio da Revolução Francesa e precede o Consulado, que foi seguido pelo Primeiro Império.

Seus integrantes usavam pingentes e berloques de ouro, sapatilhas que cobriam apenas os dedos dos pés, culotes ou calções até abaixo dos joelhos, amarrados com fitas de cores vivas e brilhantes. Não tinham ideais políticos. Para os historiadores da moda, Les Incroyables eram um grupo de jovens privilegiados e extravagantes, que nunca representaram a moda de seu tempo (e, de fato, eles não representaram a moda de seu tempo).

Figura 2.4 - Macaroni.

Anglomania, a influência inglesa na moda masculina e o terno moderno

O conceito do terno masculino contemporâneo foi definido na corte do Rei Sol por seus alfaiates em Versalhes. No entanto, a partir do século XVIII, a influência inglesa tornou-se fundamental. No livro *A history of men's fashion*, de Farid Chenoune, o autor comenta já no primeiro capítulo que o *business suit*, terno do homem de negócios ou executivo, foi criado pelos ingleses. Ele diz:

> [...] A Inglaterra tem sido o histórico e lendário foco da moda masculina. Por volta de 1740, alguns aristocratas europeus e prósperos mercadores começaram a adotar o modo de vestir de seus colegas ingleses, abandonando as modas de Paris, que davam o tom aos elegantes da época. A anglomania – termo que se tornou corrente na língua francesa por volta de 1760 – transformou-se, daquela data em diante, na descrição da moda masculina. A anglomania do século XIX moldou o destino estilístico, primeiro das classes altas e depois das baixas, e foi a Inglaterra que anunciou o advento da peça fundamental do guarda-roupa masculino: o *business suit* [...]

A anglomania esteve em alta também no século XX. Em 2006, a exposição Anglomania: Tradition and Transgression in British Fashion, no Costume Institute do Metropolitan Museum of Art, em Nova York, foi uma reflexão sobre a influência inglesa de 1976 a 2006 no panorama da moda contemporânea. O livro de mesmo nome, de autoria de Andrew Bolton, foi publicado em 2006.

O trecho a seguir está no livro *Mode du siècle* (1999), de François Baudot:

> [...] Tanto na vida nos castelos como na vida urbana, a sociedade anglo-saxônica, com o seu amor à caça, seu gosto por viagens e a experiência de uma nova descontração, oferece ao homem do continente um novo modelo de liberdade. Glória do liberalismo, a capacidade – sempre proibida ao nobre francês – de produzir riquezas faz do gentleman inglês do século XVIII um rico. O inglês elegante, em geral, gosta de viver ao ar livre. Sua maneira de se trajar é decorrência disso. Ela também reflete o desenvolvimento da indústria de lã do país. Assim, em toda a Europa, a anglomania tornou-se por dois séculos um modelo, um vocabulário, uma filosofia. A simplicidade é o último refúgio das pessoas complicadas", escreve Oscar Wilde. A lã inglesa, ao que tudo indica perdeu o estigma de vulgar, dos tempos de Charles II (1630/1685), e ganhou status de nobreza. [...]

Assim, em linhas gerais, vemos que o francês criou o conceito no século XVII e o inglês arrematou, no seguinte, dando vida e charme ao ancestral do terno executivo.

Tecidos: uma prévia da Revolução Industrial do século XIX

No século XVIII, houve grande desenvolvimento da indústria têxtil. Ao longo de cinquenta anos, uma grande quantidade de invenções mecanizadas revolucionou a fabricação do algodão e da lã na Inglaterra. Nessa época, inventaram a máquina de tecer e, em especial, a máquina hidráulica de fiar algodão, além do primeiro tear mecânico. Em 1785, ao instalar a máquina a vapor de James Watt em um artefato de fiar algodão, a Inglaterra entrou na era da produção em massa. Deu-se, assim, a alvorada da Revolução Industrial.

Enquanto isso, o algodão se convertera em uma indústria essencial para a construção das colônias americanas. Isso se devia a Eli Whitney, jovem graduado de Yale que se estabeleceu em Savannah, onde inventou uma máquina para descaroçar algodão. Esse artefato mecânico, que implementou a separação do algodão das sementes, começou a funcionar em 1793. Foi um grande salto, já que esse trabalho era feito por escravos sob o sol inclemente da América. A indústria do algodão era censurável do ponto de vista moral, uma vez que se baseava no trabalho forçado, e a Inglaterra desempenhou papel fundamental no comércio de escravos.

A Índia era outro centro produtor de algodão. Desde 1780, os elegantes europeus utilizavam muitos tecidos finos e delicados, como o algodão hindu. A famosa "camisa da rainha", de Maria Antonieta, era confeccionada com algodão indiano e adornada com intrincado trabalho de franzidos e pregas.

No fim do século XVIII, tanto a produção de tecidos quanto as técnicas de tingimento e estamparia tiveram grande desenvolvimento. Começou um verdadeiro fascínio pela China, pelas sedas estampadas e pelos bordados do Oriente. Os criadores de tecidos europeus se inspiravam na moda das estampas chinesas, dando destaque aos tons de amarelo-ouro, ao verde-jade que se juntava aos tons rosa-pálido, cinza-claro e azul, reforçando a palheta do estilo rococó. Elementos decorativos como rendas e fitas eram produzidos na Itália.

Grooming: cuidados de higiene e beleza no século XVIII

Os banhos também não representavam prática comum no século XVIII, e as pessoas usavam maquiagem para dissimular a pele suja. Continuava-se a usar a pintura facial branca, feita com chumbo como base para a maquiagem, e a realçar as bochechas com o carmim e o ruge. Era comum o uso de *beauty marks* (pintas artificiais de beleza), costume que já vinha do século anterior, as quais muitas vezes disfarçavam manchas provocadas pela sífilis.

O odor corporal era disfarçado com perfume. Luís XV exigia de seus cortesãos o uso de um perfume diferente a cada dia. Madame de Pompadour não media esforços nem dinheiro para cuidar da beleza e gastava verdadeiras fortunas em perfumes. Maria Antonieta emplacou a moda dos aromas leves e lavandas. Seus favoritos eram os de violeta e rosa. O comércio e a arte da perfumaria começaram a se desenvolver também na Inglaterra. Em Londres, na Jermyn Street, o catalão Juan Floris inaugurou em 1730 a perfumaria Floris, que se tornou a favorita da realeza. A marca existe ainda hoje e é considerada a segunda perfumaria mais antiga depois da farmácia Santa Maria Novella, em Florença (Officina Profumo – Farmaceutica di Santa Maria Novella), criada em 1612.

Em 1770, a família Cleaver fundou uma companhia de sabonetes e perfumes. Com o passar do tempo, ficou conhecida como Yardley, famosa, chique e tradicional até hoje. Um dos produtos mais populares daquele tempo foi a pomada para homens com lavanda de Norfolk e gordura de urso.

A grande força das perucas

No século XVIII, para se obter o efeito desejado nas imponentes perucas brancas (desde o século anterior), homens e mulheres usavam o artifício da farinha. Na Inglaterra, esse visual foi substituído pela peruca chamada Ramillies, que usava um penteado composto de cachos como rolos sobre as orelhas, com o cabelo preso em um rabo de cavalo discreto e amarrado com um laço preto.

Os cabeleireiros de grife

O mesmo reconhecimento que se deu à profissão e ao nome dos principais modistas também foi dispensado aos cabeleireiros, que passaram a ser conhecidos por seus nomes. As perucas eram feitas de cabelo humano, pelo de cabra, crina de cavalo ou fibras vegetais e eram usadas por homens e mulheres de todas as classes sociais. Madame de Pompadour lançou moda por mérito de Léonard, seu cabeleireiro favorito, que montava os *poufs* – penteados artificiais altíssimos. Um de seus penteados, o favorito da corte, era chamado de *pouf au sentiment*, que, além das toneladas de cabelo, levava pássaros empalhados, borboletas, cupidos, ramos de árvores, folhas e vegetais, tudo montado em uma peruca altíssima. Para fazer uso desse estilo em particular, que também era o preferido de Maria Antonieta, as mulheres tinham de ir sentadas no chão da carruagem até a festa ou o palácio.

As perucas também foram grandes ninhos de piolhos e até de pulgas, e mulheres e homens usavam coçadores – pequenas mãozinhas que podiam ser de marfim com pedras preciosas – como auxiliares. Com o tempo, as construções de *poufs* gigantescos dignos das rainhas e cortesãs saíram de moda.

O gosto pelo natural, surgido com a Revolução Francesa, acabou com a moda de empoar perucas. Assim, os revolucionários deram o troco à aristocracia, que usava a farinha do pão do povo para embelezar suas melenas. Como resultado da revolta da farinha, os homens passaram a usar seus cabelos normais, e as mulheres, em penteados mais soltos, com seus cabelos naturais.

A Revolução acabou também com os *corsets* feitos com ossos de baleias, verdadeira tortura para as mulheres que sofriam com vários males físicos: de lesões no fígado a deslocamentos de coluna.

Chapéus

Desde aproximadamente 1690 até a Revolução, o tricórnio foi o chapéu masculino mais usado. A partir de 1789 homens e mulheres do povo passaram a adotar o tipo de chapéu dos revolucionários, que se identificavam pelo gorro frígio que fora emprestado dos gregos. O tricórnio se transformou em bicórnio (dois bicos), modelo antes usado pelos militares e que, mais tarde, passou a fazer parte do guarda-roupa masculino.

Surgem as revistas de moda

Em 1693 apareceu a primeira revista feminina, *The Ladies Mercury*, publicada pelo livreiro londrino John Dunton. Falava de moda, mas tinha também artigos variados sobre temas como amor, casamento e etiqueta. Em 1731 apareceu pela primeira vez o conceito de revista para homens, com a *Gentleman's Magazine*, publicada pelo livreiro britânico Edward Cave, que inaugurou uma nova forma de difundir a moda masculina.

A partir da segunda metade do século XVIII, o desenvolvimento da moda passou a ser documentado sem intervalos. Isso se deu graças às primeiras revistas dirigidas, o que ocorreu por volta de 1770. Antes delas a moda era difundida por meio de bonecos que vestiam as roupas, como contamos no capítulo sobre o século passado, para promover a moda de Versalhes.

A divulgação também era feita por gravuras ou estampas. Sátiras fashion e caricaturas apareciam em jornais semanais que publicavam moldes de roupas. Os livros de moda que eram timidamente publicados desde 1600, em tiragens pequenas, retratavam apenas a indumentária de tempos passados. Havia também os jornais que publicavam crônicas com a descrição de roupas, mas, a partir dessa época, também surgiram as ilustrações de moda.

Na Inglaterra, o jornal *Lady's Magazine* começou a ser publicado em 1770. Na França, os pioneiros foram *Galerie des Modes* (1777) e *Cabinet des Modes* (1785-1786), seu sucessor. O mais conhecido jornal alemão, *Journal des Luxus und der Moden*, começou a circular em 1786. Depois da Revolução Francesa, o jornal *Gallery of Fashion*, publicado em Londres, e o *Journal des Modes* tornaram-se importantes.

Moda e estilo de vida na mídia de moda do século XVIII

Esses jornais eram dedicados a um assunto que hoje chamamos estilo de vida (*lifestyle*), palavra mágica para se entender a moda contemporânea. Assim, tudo o que está na moda, ou na onda, passa a contar e não apenas as roupas. A gastronomia, os móveis, o design e os hábitos de consumo também refletem determinado estilo de vida. Na pauta dos jornais de moda do século XVIII discutiam-se os últimos modelos de roupas, os novos livros e o teatro, por exemplo.

Capítulo II - Século XVIII

As revistas de moda tinham periodicidade de uma ou duas semanas, mas, apesar de finas, continham uma ou mais ilustrações de roupas coloridas, com todas as descrições da peça em foco. Nessas legendas, os trajes que não apareciam na figura – como a camisa ou o colete que um homem usava por baixo de uma casaca – eram descritos em textos que contavam todos os detalhes, como em que tecido a peça havia sido confeccionada. Nas legendas também havia sugestões, como outros tecidos adequados e botões da moda. Indicavam até mesmo os locais em que determinados materiais poderiam ser comprados, editando, enfim, um serviço de manual de estilo. Na França, a *Cabinet des Modes* ilustrava os novos estilos em gravuras coloridas e já tinha um conceito moderno, pois abarcava roupas, decoração de interiores, mobiliário e até mesmo carruagens e joias.

Percebemos, com base nessas publicações, como a moda mudava já no século XVIII. Uma dessas revistas podia alterar os hábitos dos consumidores; bastava publicar, por exemplo, que determinada roupa ou chapéu que era o hit até então já estava por fora, incitando, assim, o desejo pela última moda. No século XVIII também teve início a edição de anuários fashion em formato de almanaques.

Originalmente, as revistas eram dirigidas aos intelectuais; com o tempo, começaram a atender um mercado mais amplo. Donas de casa e seus empregados eram fãs e acompanhavam a última moda. Alguns deles trabalhavam em casa de ricos e mantinham-se informados sobre as novidades porque conseguiam números antigos dessas revistas. As classes mais baixas, no entanto, nunca dispunham de meios para adquirir os trajes descritos nas ilustrações, além de terem de se vestir de acordo com sua classe social. Quando uma patroa ou um patrão generoso renovava o guarda-roupa, os empregados eram beneficiados; nessas ocasiões, porém, eles tinham de dissimular a aparência das roupas para não serem confundidos com os patrões. De todo modo, as informações das revistas ilustravam as pessoas simples que criavam as próprias roupas.

Por ser um privilégio da elite, a moda daquele tempo era difundida dessa maneira pelas classes menos privilegiadas, como nunca visto antes do surgimento dessa mídia. Tais publicações tiveram grande impacto na sociedade. Valerie Steele, estudiosa acadêmica, americana e autora de vários livros sobre moda, conta que, na França do século XVIII, as revistas dirigidas para as massas eram elaboradas com a intenção mais concreta de divulgar a moda francesa e despertar o desejo, em outros países, pelo estilo *Made in France*. Esses países começavam a copiar o que viam nas revistas francesas (como aconteceu com o Brasil da época), e foi desse jeito que as revistas de estilo lançaram sua carreira como mídia da indústria da moda.

As joias do século XVIII

Muito pouco sobreviveu das intrincadas joias masculinas da segunda metade do século XVIII, e isso se justifica pelo fato de a moda para homens estar se tornando cada vez mais sóbria com a chegada do século XIX. Vale lembrar que nas cortes europeias os nobres andavam tão cheios de joias quanto suas mulheres. Caixas de rapé, correntes de relógios de bolso e anéis eram muito usados e, às vezes, nada discretos. As fivelas dos sapatos e das ligas que prendiam os culotes, como os prendedores das golas altas (as *stocks*) e as insígnias das diversas ordens de cavalaria, todos em diamantes, refletiam o espírito da nobreza da época. Ainda existiam os punhos das espadas, os laços de gravata e os botões presos às abas dos chapéus.

Socialmente, no século XVIII, os homens usavam joias que os adornavam e indicavam sua posição social, tanto quanto as mulheres. Com a explosão da Revolução Francesa, muitos homens ricos se desfizeram de suas joias, tais como relógios e correntes em ouro ou prata, fivelas de sapatos ornadas por diamantes, entre outras. Alguns as "doaram" aos ideais da Revolução.

Com o advento do Período do Terror, a indústria das joias francesas sofreu um baque. O simples uso de fivelas para adornar sapatos poderia levar qualquer um – sobretudo se fosse nobre – à guilhotina. Muitos esconderam as joias de família, outros as venderam no mercado negro, o que provocou inflação e fez o preço cair.

Muitas peças da Coroa francesa foram vendidas, e muitos nobres doaram seu patrimônio à causa dos revolucionários para salvar a pele. Passada essa fase do terror, a joalheria passou a contra-atacar e fazer muito sucesso com as criações neoclássicas no Primeiro Império, comandado por Napoleão Bonaparte.

A joalheria do século XVIII deve muito ao fato de os portugueses estarem explorando as minas de diamantes no Brasil. As minas operadas por nossos colonizadores aqui em pouco tempo supriram o mercado europeu, substituindo a Índia. Apenas as joias ideologicamente corretas – para os padrões revolucionários – eram aceitas: um anel, tosco, com a efígie de heróis da Revolução, Marat, por exemplo.

Les Incroyables, grupo de elegantes contestadores que apareceu na França durante o Diretório (1795-1799), usavam pingentes e berloques de ouro. Estudiosos e pesquisadores encontraram abotoaduras desse tempo ainda nos moldes do século XVII.

Capítulo II - Século XVIII

Figura 2.5 - Les Incroyables.

Capítulo III - Século XIX

A Revolução Industrial: o xadrez madras invade o mundo. Em 1830, o homem adota definitivamente a calça comprida. Nasce o dândi e o homem usa calças.

Principais manchetes do século XIX: quando reina o espírito da modernidade e surge a indústria do vestuário

1802 – Em 26 de julho, o jornal inglês de moda, Journal, declara azul, marrom e preto como as cores da moda para homens.

1804 – Em 14 de julho, declara-se o Império francês, e coroa-se Napoleão Bonaparte imperador da França.

1805 – Inicia-se a construção do Arco do Triunfo, em Paris, por ordem de Napoleão Bonaparte.

1815 – Napoleão é derrotado na batalha de Waterloo.

1818 – Inaugura-se a primeira loja Brooks Brothers, em Nova York.

1830 – O homem troca definitivamente os culotes pelas calças.

1835 – É inventado o telégrafo.

1837 – Na Inglaterra, a rainha Vitória sobe ao trono.

1840 – Morre o primeiro dândi, George Beau Brummell, em Caen, na França, onde se exilara.

1846 – Henry Poole se estabelece no número 15 da Saville Row, em Londres, sendo o primeiro alfaiate a abrir negócio na famosa rua.

1851 – Acontece a Grande Exposição, em Londres, que exibe as grandes invenções do século.

1852 – Inaugura-se, em Paris, Le Bon Marché, o primeiro grande magazine. A moda pegou.

1858 – O estilista inglês Charles Frederick Worth abre, em Paris, a primeira casa de alta-costura, no número 7 da Place Vendôme.

1860 – Os paletós-saco (sack suits) emplacam como roupa urbana para o dia e passam a ser usados pelo homem comum. Aos poucos, porém, caem no gosto dos elegantes, de sua praticidade.

1861 – Morre o príncipe Albert, marido da rainha Vitória.

1876 – É inventado o telefone.

1879 – Thomas Edison inventa a lâmpada.

1885 – O carro movido à propulsão mecânica é inventado. Nessa época, homens que andavam nas ruas em mangas de camisa eram considerados indesejáveis pelas mulheres, ou seja, era algo feio!

Contexto histórico

O espírito da modernidade guiou o século XIX. A Revolução Francesa havia acabado com as tradições que dominaram a Europa por séculos. Na França, redigiu-se uma nova Constituição, pela qual os súditos franceses passaram a ser cidadãos livres dos grilhões da nobreza. A sociedade se baseava então em novos conceitos de tolerância e igualdade perante a lei. A partir daquele momento, a França passou a ser governada por uma Assembleia Nacional eleita e representativa dos direitos do povo, um corpo que podia criar leis, sem respeitar as antigas tradições aristocráticas.

Figura 3.1 - O dândi Beau Brummell.

Os novos ares de liberdade e igualdade abriram caminho para que um corso, Napoleão Bonaparte (1769-1821), colocasse em prática seu propósito de ser imperador. Como era um gênio militar, sua ascensão foi rápida e segura. Em 14 de julho de 1804, foi declarado o Império francês. Napoleão coroou a si mesmo como Napoleão I, da França, com um traje de sua autoria.

As obras do pintor Jacques-Louis David – que, desde a Revolução Francesa, já estava envolvido na política –, cuja estética era fundamentada nas formas greco-romanas, com águias imperiais, deram a pista para o nascimento do estilo batizado de Diretório, que não para por aí. O vestido de Josefina

Figura 3.2 - Napoleão Bonaparte.

para a coroação lançou as linhas para um visual feminino, a linha Império (ou Diretório). O governo de Napoleão não pode ser visto como monarquia, ainda que o fausto da vida do imperador e de sua Josefina fosse tão grandioso e excessivo quanto o dos reis franceses anteriores. O traje da corte havia sido recuperado e foi posto um fim na moda igualitária promovida pela Revolução.

O período napoleônico, que acabou em 1815 com sua derrota em Waterloo, transformou não apenas a França como também a maior parte da Europa. Sob a batuta do corso, Paris se convertera em uma cidade moderna e lá foram realizadas muitas obras, como o Arco do Triunfo (1805) e a igreja de Madeleine, apenas para citar duas. A Inglaterra evitou Napoleão. Poderosa no mar, depois de perder suas colônias na América – unidas e batizadas de Estados Unidos da América a partir de 1776 –, a Inglaterra abriu muitos horizontes nos campos da arte, da moda e da indústria. Construíram-se grandes fábricas em solo inglês, como a indústria têxtil de Manchester, dotadas de mão de obra barata e impulsionadas por grandes máquinas a vapor.

O romantismo – um movimento cultural que surgiu no fim do século XVIII na Alemanha e na Inglaterra – expressava a confusão que tomou conta da Europa depois da derrota de Napoleão em 1815 e a insegurança ante o desconhecido. Na contramão do espírito de independência do capitalismo, que estava se estendendo por todo o hemisfério ocidental, os românticos advogavam os sentimentos e as emoções. Na Inglaterra defendiam as classes baixas, cuja mão de obra barata abriu caminho para a Revolução Industrial.

O período romântico instituiu o preto como cor predominante nas roupas masculinas. Apesar das duras condições que a Revolução Industrial impôs ao mundo, a ciência e a tecnologia avançaram muito no século XIX. Em 1879 Thomas Edison inventou a lâmpada. O telégrafo e o telefone foram inventados antes, respectivamente em 1835 e em 1876. As ruas foram pavimentadas, e em 1885 surgiu o carro movido à propulsão mecânica. Construíram-se estradas de ferro no Velho Continente e nos Estados Unidos. No mar, o vapor Great Western cruzava da Inglaterra a Nova York em 15 dias. Houve avanços no campo da medicina, o que melhorou a saúde em todas as camadas sociais. Era o progresso.

A era vitoriana

Em 1837, a rainha Vitória (1819-1901) subiu ao trono britânico e reinou por 63 anos até sua morte, em 1901 – é a chamada era vitoriana. Sob sua coroa, aconteceram o auge da Revolução Industrial inglesa e o ápice do Império britânico, que se tornou o principal poder global de seu tempo. Seu governo foi sucedido pelo de seu filho Eduardo VII, dando início à era eduardiana – de 1901 a 1910.

Foi na era vitoriana que ocorreu a Grande Exposição de Londres, em 1851, na qual todas as descobertas e invenções do século foram exibidas. Mesmo tendo sido organizada pelo príncipe Albert (marido da rainha Vitória), uma celebridade da época, não foi fácil convencer o povo da importância da exposição. Os médicos acreditavam que pragas, pestes e outras doenças poderiam ser transmitidas se muitos estrangeiros visitassem Londres, mas a ambição do príncipe consorte venceu a oposição.

Assim, o público pôde contemplar mais de 100 mil produtos, desde as sedas de Spitalfields – que ficava a leste de Londres e produzia os famosos tecidos – até muitos outros tipos de matérias-primas e roupas que iam de gorros a capas e xales. Com o dinheiro arrecadado pela feira, foram construídos e inaugurados o Victoria & Albert Museum (1852) e o Royal Albert Hall (1871). Paris embarcou na onda da Inglaterra e promoveu exposições internacionais em 1855, 1867, 1878, 1889 e 1900, as quais exibiam as novas maravilhas da tecnologia, além de objetos decorativos e criações de moda.

Surge a indústria do vestuário

Os avanços tecnológicos propiciaram estímulo à indústria da confecção, estruturando a era da fabricação em massa e fazendo surgir a indústria da moda. Em 1846 o ator, empresário e inventor americano Isaac Singer inventou e patenteou a máquina de costura, que foi batizada com seu sobrenome, produzida e vendida maciçamente. Em seguida a essa invenção, divulgaram-se modelos para a confecção de roupas e o uso da máquina generalizou-se, chegando a ofertas de moldes de papel para fazer vestidos e outros itens do guarda-roupa que eram enviados pelos correios.

Surgiram outras máquinas muito úteis, como as de pregar botões e as de fazer caseado. A máquina de costura e outras invenções melhoraram e aceleraram a produção de peças, que passaram a ser vendidas em lojas de Paris. Nessa época, visitar os grandes magazines era um passatempo para as classes altas. As pessoas endinheiradas iam passear nas galerias comerciais em pequenas lojas, como La Belle Jardinière, e em muitos bazares da época do Segundo Império, como as Galeries du Commerce et de l'Industrie e o Palais de Bonne Nouvelle, que estavam cheios de lojinhas e pequenas galerias que vendiam roupas de confecção industrial em tamanhos P, M e G, entre outros produtos.

A inauguração em Paris das primeiras grandes lojas ou magazines, também chamados "armazéns", causou sucesso, uma vez que se vendiam roupas e acessórios para homens, mulheres e crianças sob o mesmo teto, além de produtos para casa. Antes disso, essas peças eram vendidas em pequenas lojas ou bazares específicos. Nos grandes magazines, as roupas, antes expostas apenas nas vitrines, agora podiam ser tocadas e experimentadas e estavam prontas para ser compradas pelos clientes. O produto ficou mais próximo do consumidor, o que incrementou as vendas. Acabaram-se as barganhas, surgiu o preço fixo. Como os magazines compravam em grande quantidade, podiam vender mais barato. Antes desse formato, os consumidores tinham de ir a lojas especializadas em busca de cada item que precisassem comprar: roupas, meias, sombrinhas, artigos para a casa etc.

Em 1852, foi inaugurado o primeiro verdadeiro grande magazine: Le Bon Marché. Depois surgiram os magazines Louvre e os magazines du Printemps, os mais famosos. Os grandes magazines também se popularizaram em outros países, como Inglaterra e Estados Unidos.

Século XIX: as revistas de moda tiram o homem de seu foco, mas não deixam de falar dele

Como vimos, no século XVIII surgiram as publicações periódicas de moda. E, em 1731, a revista *Gentleman's Magazine* divulgava exclusivamente a moda para homens. No século XIX, a tribo dos dândis ingleses, agrupada ao redor do príncipe regente e futuro rei George IV (1762-1830), com destaque para George Bryan Brummell, foi impondo um novo estilo na maneira de vestir do homem, caracterizada pela precisão do corte e acabamento. Esse fato elevou o status dos alfaiates ingleses, tornando-os famosos no mundo inteiro pela atenção aos mínimos detalhes. Os trajes para homens "de bem" passaram a ser muito bem modelados, como a alta-costura das mulheres. Casacas com caudas bipartidas, fraques em cores sóbrias, coletes com abotoamento impecável, culotes em camurça, botas de cano médio, calças compridas bem justas, abotoadas nos tornozelos, e chapéus eram adotados por todos os homens elegantes.

Em contrapartida, depois de 1815 a influência inglesa nas roupas masculinas aumentou, mas, para a indumentária feminina, essa influência diminuiu se comparada à do fim do século XVIII. Essa situação era o resultado não só do isolamento em que viveu a Inglaterra durante a Revolução Francesa como também da atração que o estilo francês continuava a exercer sobre as mulheres elegantes britânicas, mesmo durante o período que se estende de 1789 a 1815, quando, por motivos políticos, havia escassez de roupas francesas na ilha.

Em 26 de julho de 1802, o periódico inglês *Journal* declarou que muitos homens jovens usavam botas de cano médio, com acabamento amarelo nas bocas. Outros, particularmente elegantes, usavam fivelas douradas em seus sapatos. As cores da moda eram azul, marrom ou preto. Culotes pretos e calças compridas justas também pretas eram comuns. *Jabots*, uma espécie de gravata descendo em cascata pelos colarinhos, ainda estavam em uso, assim como os chapéus.

A moda masculina guardava semelhança com a feminina em diversos aspectos. O uso dos tecidos simples, e não mais dos luxuosos, em cores discretas, a cintura mais alta e a impressão de desnudamento na silhueta Império para as mulheres davam o tom da moda. Nesse ponto, as calças bem justas dos homens, desde a cintura, usadas com coletes muito curtos e com casacas abertas na frente – os *frock coats* e redingotes – realçavam as formas, como se despissem a parte inferior da anatomia masculina.

Mais adiante, os homens começaram a usar, de modo inovador, as *cravats*, o que deu início a uma verdadeira febre. Os colarinhos das camisas eram voltados para cima, alguns de modo tão exagerado que o homem não podia virar a cabeça. Começaram a usar bengalas, peça considerada muito refinada. O famoso romancista francês Honoré de Balzac (1799-1850) era um grande entusiasta da bengala e dizem que gastava verdadeira fortuna para colecioná-las. Em 1827, apareceu em Paris o livro *L'art de mettre sa cravate enseigné en seize leçons* (A arte de dar nó em sua *cravat* em 16 lições), cuja autoria foi atribuída ao poeta e escritor. O livro fez sucesso nos meios elegantes, aguçando a fantasia e o culto à elegância típico dos dândis. Estes depois receberam o golpe de misericórdia quando surgiu a gravata preta – evolução da anterior –, mais simples e mais próxima do modelo moderno, a qual caiu no gosto dos homens e foi adotada pelos elegantes e pelos burgueses, mais práticos porém não menos chiques.

A partir de 1815 a indumentária masculina passou a seguir a moda que vinha de Londres, e os estilos que partiam de lá eram seguidos por todo o Antigo Continente, pela Europa e também pelo Novo Mundo – as Américas, inclusive o Brasil.

Surgem os almofadinhas

Um estilo novo substituiu o natural e democrático, herança de uma década após a Revolução Francesa retratada pelas pinturas da época. A nova moda voltou às suas opulentas qualidades decorativas anteriores: as formas tornaram-se tão exageradas que, mesmo com as melhores intenções, não poderiam ser consideradas, digamos, naturais.

Essas mudanças apareceram no início do século, nos primórdios de um período denominado Biedermeier (1815-1848), com influências estilísticas que vinham da Alemanha. O homem usava o *corset* como as mulheres, para reduzir sua cintura, editando a silhueta da ampulheta. Um tipo de dândi mais extravagante, os *fops*, que já havia dado o ar de sua graça entre o fim do século XVII e o início do século XVIII na Inglaterra, reapareceu repaginado, com força total. Bem-vestidos e elegantes, no estilo do momento, cinturados por *corsets*, eles gastavam sua filosofia rasa e eram craques em respostas inteligentes e superficiais. Não tinham, contudo, o charme de Beau Brummell (ou Belo Brummell), como era conhecido George Bryan Brummell. Para este, o verdadeiro dândi estava acima do bem e do mal e era infinitamente superior ao mundo burguês que o rodeava com suas rotinas mundanas. O poeta francês Charles Baudelaire (1821-1867) declarou, na época, que o dândi era um fenômeno das mudanças políticas e sociais.

George Bryan Brummell: tudo sobre o verdadeiro dândi

George Bryan Brummell (1778-1840) é considerado o primeiro verdadeiro dândi da história da moda masculina. Colocou os *fops* no chinelo e se tornou um verdadeiro árbitro da elegância no período de Regência (1811-1820), anterior à era vitoriana (1837-1901).

Amigo particular do príncipe regente, que o prestigiava nos salões elegantes, era bem sensível a qualquer lapso nas normas de elegância vigentes na época, como contrário ao extremo às excentricidades. De acordo com Lord Byron (1788-1824), famoso poeta inglês do princípio do século XIX, Brummell tinha um senso inato de elegância no vestir, cativava as pessoas com o detalhe e a precisão de seus trajes. "Ele não seguia a moda, a moda o seguia", diz François Boucher, autora do livro *A history of costume in the west* (2004). Ela ainda relata o sucesso e o agito que Brummell causou ao aparecer nas corridas com *cravat* branca, cartola, traje impecável, usando suas famosas botas lustradas com champanhe.

Seu traje básico era um redingote, com colete de camurça e calças muito justas pretas, abotoadas uma polegada acima dos tornozelos com as botas ou *slippers* – um sapato baixo, fácil de enfiar no pé, em geral usado dentro de casa por homens elegantes. Mais tarde, como veremos, tornou-se o sapato do smoking (vestimenta adequada para fumar em casa, daí o termo *smoke*), quando o homem recebia visita. Pela manhã, Brummell usava culotes em camurça, com botas de cano médio. Seu alfaiate chamava-se Meyer e também ficou famoso por fazer as roupas do homem mais elegante da época.

O dandismo inglês, após 1815, era representado por Brummell, que passou a ser considerado sua encarnação desde os dias em que o príncipe regente e futuro rei George IV o pinçou da Eton College – uma escola pública tradicional fundada em 1440 pelo rei Henrique VI, pela qual passavam nobres e reis, mas também plebeus como Brummell. O soberano o lançou na alta sociedade de Londres quando

Figura 3.3 - Caricatura de um "almofadinha".

ele ainda era moço. Sua célebre elegância e moderação nos costumes encantaram o príncipe. É isso mesmo, ao contrário do que muita gente pensa, ele rezava na cartilha "menos é mais", contrariando a imagem distorcida do dândi afetado, afeminado e de roupas chamativas – os chamados *fops*. Brummell foi o árbitro da elegância londrina por 15 anos consecutivos.

Brummell: imprimiu severidade à roupa masculina

A calculada simplicidade de seus trajes foi imitada por todo o século XIX. Tem-se aqui um ponto importante: Brummell imprimiu severidade ao visual masculino – tônica da moda burguesa discreta em

Figura 3.4 - Brummell.

tons escuros que vai tomar conta do guarda-roupa do homem no início do século XX. As mulheres, ao contrário, explodiam em fantasias, sobretudo depois de Paul Poiret tê-las libertado dos espartilhos, apesar de elas já vestirem roupas exuberantes com a alta-costura de Worth. Como podemos constatar, o terno executivo de estadistas, grandes homens de negócios ou reis e nobres de hoje é discreto. Quando alguma dessas personalidades ousa mais na cor do terno causa rebuliço. O costume da discrição dos homens "de bem" tem influência de Beau Brummell.

Brummell era oriundo da classe média, teve uma vida privilegiada, ainda que sua enorme fama como homem elegante se deva a muitos favores. Depois da Eton College, ele foi para a Universidade de Oxford e, em seguida, mudou-se para Londres, onde se tornou o favorito dos salões. A ele credita-se mais um passo na definição do terno moderno, com camisa branca e *cravat*, usado por elegantes na ebulição da Revolução Industrial. Levava por volta de seis horas, todos os dias, para se vestir. E isso não era considerado exagero, mas, sim, atitude.

Com o passar do tempo, tornou-se um guru do rei – espécie de consultor de estilo –, a quem aconselhava abandonar os acessórios frívolos como os botões de diamantes na camisa nos trajes formais. Sem dúvida, eles tiveram discussões, pois o futuro rei era supervaidoso e adepto do visual que podemos chamar de maximalista. O incidente que marcou definitivamente sua desgraça ocorreu na Bond Street, onde Brummell passeava com um amigo e cruzou com o príncipe regente, que não lhe deu atenção. Sua reação foi intempestiva, perguntando ao amigo, em alto e bom som: "Quem é seu amigo gordo?", referindo-se ao futuro rei, que, para sua desgraça, tinha bom ouvido. Vale recordar que George IV tinha problemas com dietas e odiava essa característica.

George IV é lembrado por seu extravagante estilo de vida. Volumoso, como podemos dizer, ele pesava 111 kg em 1797, e em 1824 seu indispensável *corset* tinha uma cintura de 127 cm. No princípio chegou a financiar o dândi, pagando até mesmo suas dívidas de jogo; não era, no entanto, muito adepto do estilo clean, o que provocava certo desconforto entre ambos.

No dia seguinte ao episódio na Bond Street, o dândi não tinha mais amigos e teve de abandonar Londres em razão de suas dívidas no jogo de cartas, do qual era adicto. Refugiou-se em Calais, na França, em 1816 e passou a viver na indigência, abatido pela sífilis. Ao contrário do que muitos pensavam, Brummell não era gay e havia contraído a doença das prostitutas baratas. Sua saúde mental se degradou e ele foi internado em um asilo em Caen, na França, onde morreu em 1840. Com ele, teve início o movimento denominado dandismo.

O dandismo impôs uma elegância distinguida pelas roupas de um cavalheiro. Segundo alguns historiadores, a importância do movimento para a moda masculina foi a de os dândis terem conseguido substituir o status do aristocrata pelo de cavalheiro – gentleman. Eles, que muitos acreditavam ser espalhafatosos, conseguiram desprender-se de todo o excesso do guarda-roupa, como gravatas de renda, meias de seda branca, sapatos com saltos e fivelas, além de chapéus tricórnios. "A verdadeira elegância consiste em passar despercebido" – essa foi a máxima do movimento que deu a tônica do homem do fim do século XIX e início do século XX –, tudo para tirar proveito de linhas sóbrias e impecáveis. O traje do dândi original era similar ao de um fazendeiro ou latifundiário britânico daqueles tempos: redingote, camisa lisa de linho branco, a *cravat*, botas de montaria e uma cartola, ao contrário das roupas espalhafatosas dos períodos anteriores.

Capítulo III - Século XIX

Grooming: cuidados de higiene e beleza no século XIX

A influência do dandismo também se fez presente nos hábitos de higiene e beleza. As perucas pulverizadas com farinha e os perfumes de cheiros exagerados foram abolidos logo depois da Revolução Francesa. Brummell estava sempre impecavelmente barbeado – barbas e bigodes ficaram fora de moda –, com cabelos curtos e camisa muitíssimo branca e engomada. Presumia-se, então, que um homem tão limpo não carecia de perfumes. Essa limpeza exigia tempo e dedicação, pois Brummell gastava parte do dia na higiene cotidiana. Em contrapartida, lembremos que o Rei Sol, Luís XIV, embora não fosse nada minimalista, abolira a barba e o bigode, e a moda pegara na Europa. Apesar disso, incentivava o uso de perucas e não era muito chegado a um bom banho.

As calças compridas emplacam de vez

É de 1820 em diante que os culotes começam aos poucos a perder terreno para as calças, as ditas calças compridas. Em 1830, época marcante na moda masculina, os dândis haviam levado os homens a usar calças. No início, colantes e sem braguilha, depois com alças passadas sob os pés (para mantê-las dentro dos sapatos ou botas) e, por fim, providas de braguilhas. O traje constitui a grande contribuição da modernidade – que já dava seus sinais – para o guarda-roupa masculino dos séculos XIX e XX. Daí em diante o redingote passou a ser usado apenas com calças, e modelos mais amplos começaram a emplacar.

O conde d'Orsay e outros dândis

O século XIX produziu outros dândis famosos, tanto reais quanto fictícios. Um dos principais foi o escritor inglês Edward Bulwer-Lytton – o conde d'Orsay –, figura importante no circuito de Londres e Paris, que na década de 1830 escrevia uma coluna de moda no jornal londrino *Daily News*. Durante a Belle Époque, o escritor Oscar Wilde – ele próprio um dândi – criou personagens que nitidamente professavam a fé no dandismo, como lorde Henry Wotton no romance *O retrato de Dorian Gray* (1891). Diz-se que Swann, personagem do famoso escritor francês Marcel Proust do primeiro volume de *Em busca do tempo perdido*, foi inspirado no dândi francês Charles Haas, mas outro personagem da vida mundana também o inspirou: o conde Robert de Montesquiou.

Conde e poeta simbolista, colecionador de arte e dândi, Robert de Montesquiou era homossexual, assim como muitos de seus amigos. Vivia nos melhores ambientes artísticos da Paris de seu tempo. Ele foi reproduzido em um famoso quadro da época, O retrato de Robert de Montesquiou, pintado em 1897 por Giovanni Boldini. Dizem que o conde foi a inspiração para outro personagem de Proust, o barão de Charlus, também da obra em sete volumes *Em busca do tempo perdido*. Era, portanto, um homem da moda e nele vemos a roupa mais desprovida de detalhes, que poderia ser um terno: paletó com abotoamento duplo, colete até a cintura e calças no mesmo tecido. Camisa de colarinho com bico para cima, com gravata preta, abotoaduras, luvas e bengala, impondo o ar nobre. A gravata preta era uma faixa de tecido preto, usada com nó simples; o modelo mais próximo do moderno. Desbancou a *cravat*, usada por elegantes como o Belo Brummell, por exemplo.

O príncipe dândi

Na década de 1860, o príncipe Albert, marido da rainha Vitória, foi outro elegante cujo estilo batizou algumas peças, como o casaco Prince Albert frock. O nobre era famoso por suas roupas e pelas normas de etiqueta. Ele não considerava elegante um homem aparecer em um jantar vestindo *dinner jacket* (ou smoking). Deveria, sim, usar a casaca – com gravata-borboleta branca, que era a roupa de noite obrigatória na alta sociedade. Essas normas do bem-vestir masculino da época emplacaram no início do século XX e algumas perduram até hoje.

Na contramão dos ingleses, que começaram a fazer suas roupas em alfaiates famosos em Saville Row, os práticos americanos apostavam nas roupas prontas. A loja Brooks Brothers, aberta em Nova York em 1818, vendia trajes prontos de altíssima qualidade. Estabelecimentos desse tipo ajudaram a afirmar a moda masculina, que valorizava o corte e o acabamento no início do século passado. A qualidade fez o preço das boas roupas subir. Em 1896, um representante da Brooks Brothers ficou impressionado com os colarinhos abotoados nas pontas, usados pelos jogadores de polo na Inglaterra. Quatro anos depois, a loja lançou nos Estados Unidos a camisa com o colarinho abotoado, batizado de colarinho *button-down* (ou americano), que se tornou um clássico e se mantém até nossos dias. Os autênticos colarinhos *button-down*, reverenciados como os melhores do mundo, são uma especialidade da marca.

O homem e a moda no século XIX

Os itens essenciais do guarda-roupa masculino moderno tiveram origem em princípios do século XIX. Apenas alguns detalhes evoluíram e só é possível estudar as flutuações estilísticas em pinturas, na medida em que até os melhores e maiores *costume museums* – museus que colecionam e documentam roupas – são pobres no segmento masculino dessa época histórica. Algumas roupas que apareceram durante o século foram, na realidade, resultado da tendência de simplificação pela qual a moda masculina vinha passando.

O fraque não era considerado roupa formal, e sim roupa para as funções do dia, como visitas ou cerimônias diurnas. Regras de etiqueta regiam o corte (silhueta) e os materiais. Dependendo da época do ano, poderiam ser traje oficial, roupas de cerimônia ou trajes menos formais, dependendo do comprimento.

A *summer jacket*, versão branca do smoking, apareceu em 1880, em Monte Carlo. Até a morte do rei Eduardo VII (1910), filho e sucessor da rainha Vitória, não era permitido a um gentleman o uso do *summer jacket* em público. Só era usado pelos nobres na intimidade da corte. A casaca era compulsória tanto para festas e jantares à noite quanto para teatro e ópera.

Sob influência de uma vida mais ativa na Inglaterra, com a popularização das bicicletas no fim da era vitoriana, o tweed – um tipo de lã, material originário da Escócia – foi adotado em calças e paletós, combinando. Um paletó chamado Norfolk entrou na moda, pois era usado pelo futuro rei Eduardo VII desde os tempos em que ele era o príncipe de Gales para caçar em Norfolk, região no sul da Inglaterra, onde fica o castelo de Sandringham.

Capítulo III - Século XIX

Chapéus

Até 1914, a cartola era considerada símbolo de elegância e agregava status a quem usava, mas o Bowler – modelo típico do chapéu inglês atual, entretanto pouco usado até o início do século XX – começou a fazer sucesso entre os homens de negócio ingleses. Para o verão usavam-se os chapéus de palha ou palhinhas, como também se fazia no Brasil. No início do século XX, os chapéus-panamá eram usados para viagens elegantes. Os bonés – em todas as possibilidades de materiais e cores – eram a marca registrada dos operários e das classes de trabalhadores. Por serem confortáveis e práticos, caíram no gosto geral da segunda metade do século em diante.

A evolução da indumentária continua

A cartola era obrigatória para a noite; para o dia, o mais requisitado era o Beaver, uma cartola feita com pele de castor. Na Europa, entre 1550 e 1850, a maioria dos chapéus era recoberta por uma espécie de feltro feito com pele de castor que estava na moda havia trezentos anos. O material podia ser facilmente penteado e era empregado em muitos modelos, com destaque para as cartolas usadas durante o dia, costume que durou todo o século XIX.

A estrutura dos paletós com ombreiras e os *corsets* masculinos se mantinham, porém toda a ornamentação foi rejeitada. A silhueta era de ombros largos e cintura fina, uma ampulheta. Os acessórios de um dândi incluíam botões dourados na casaca e relógio de ouro sustentado por uma corrente. As roupas eram em tecidos e cores discretos, em tons de azul ou verde para o dia, e azul ou preto para a noite.

É quase impossível nomear todos os detalhes das pequenas mudanças sofridas pela moda masculina no fim do século até a entrada do século XX, mas devemos destacar que os acessórios faziam o homem. Chapéus, bengalas e luvas tinham funções específicas e maneiras próprias de ser usados.

A bainha virada para cima: bainha inglesa, sim, senhor

Por volta de 1895 surgiu a moda da dobra na bainha das calças, que acabou sendo batizada de bainha inglesa apesar de muitos a chamarem de bainha italiana.

Para François Boucher, autora do livro *Histoire du costume en Occident*, a tal bainha virada para cima era elegante e permitida desde que apenas na parte da manhã, não importando se chovesse ou fizesse sol. Essa foi uma inovação dos esnobes ingleses, daí a nomenclatura bainha inglesa. Os franceses copiaram e virou piada entre os homens elegantes de lá. Dizia-se: "Você dobra a bainha da calça em Paris porque está chovendo em Londres", alusão ao tempo nublado, característica da capital inglesa.

Nas lendas da moda masculina que se espalham entre os elegantes do século XX, muita gente diz que a bainha dobrada surgiu em um dia que o rei inglês Eduardo VII teve de atravessar uma poça d'água e dobrou a calça para cima. Foi o suficiente para todos os homens elegantes copiarem o monarca.

Outros dizem que o inventor foi o duque de Windsor, considerado um dos homens mais elegantes do século XX. Ele foi o rei Eduardo VIII, que acabou abdicando do trono britânico para se casar com uma americana divorciada, mas nunca abriu mão do cetro do estilo.

Por sua vez, Farid Chenoune – autor do livro *A history of men's fashion* – publicou uma foto de 1909, em que o rei Eduardo VII está ao lado do príncipe George, em Ascot, em um dia de chuva, com as bainhas de suas calças viradas para cima, por ele mesmo, para não sujá-las de lama. Ou terá sido antes, nos estábulos da corrida? Seja onde for, o autor e estudioso da moda masculina atribui a Eduardo VII a paternidade da bainha inglesa. E não para por aí.

Conta ainda que as dobras começaram a ser usadas por volta de 1860 pelos membros do clube de cricket Windsor, que não queriam sujar as bainhas. O modismo foi copiado pelos elegantes que velejavam pelo Tâmisa ou faziam piquenique nos arredores de Paris. O estilo encontrou resistência por parte dos conservadores. Em 1893, um visconde provocou tumulto no parlamento inglês por usar as bainhas viradas. Um manual de elegância datado de 1900 pregava que "um homem só deve virar suas bainhas se houver lama na rua. Tão logo entre em casa, porém, deve desvirar as ditas". Chamada de *roll-ups* ou *turn-ups* pelos ingleses e de *cuffs* pelos americanos, a moda pegou e chegou aos catálogos populares. Por volta de 1895, a bainha inglesa era vista na rua, mas restrita às roupas para uso durante o dia. Assim, para Farid Chenoune nasceu um detalhe que seria mais tarde considerado elegante e até mesmo útil, já que a dobra dá peso ao tecido, mantendo as bainhas impecavelmente na linha.

Como surgiram os vincos das calças?

O livro de Farid Chenoune, citado, explica também os vincos na frente ou nas laterais das calças. São abundantes as lendas sobre a origem do detalhe. Alguns dizem que tudo começou quando um cavalheiro inglês, em viagem e sem os aparatos do lar para cuidar de suas roupas, dobrou a calça e deixou-a embaixo do colchão em que dormiu. Na manhã seguinte, os vincos haviam nascido. Outros dizem que Eduardo VII, em viagem pelo interior da Inglaterra, tomou chuva e deu a calça úmida para ser passada por um homem do vilarejo, o que resultou nos vincos e, em consequência, no estilo adotado por ele desde o incidente.

Farid diz que o vinco está ligado à época em que as calças tinham uma tira sob o sapato para fixá-las. Por volta de 1880, a calça ficava marcada pelo joelho depois que um homem elegante sentava. Em 1898, um príncipe inglês viajou de pé em um trem para não amassar os joelhos de sua calça impecável. Assim surgiram os vincos, que podem ser tanto na lateral quanto na frente das calças. O vinco na frente, de 1880 em diante, tornou-se moda no século XX; no começo, o vinco era apenas do joelho para baixo. Só depois que as calças justas saíram de moda é que o vinco passou a ser feito desde a cintura. Por fim, os vincos, como a bainha inglesa, apesar do folclore e das anedotas que originaram, acabaram sendo associados ao príncipe de Gales, que depois virou o rei Eduardo VII. A partir de 1913, o vinco na frente já era moda e se tornou elemento de estilo. Com a difusão das modas em folhetins, manuais e revistas masculinas, ficou mais fácil documentar e datar o estilo de cada época.

O paletó-saco: a cara do terno moderno

Por volta da metade do século XIX, surge o paletó-saco (*lounge suit*, *sack coat* ou *sack suit*) sem as saias do redingote, curto até a cintura. Esse traje se tornou o paletó esportivo, aqui no sentido de informal, ou roupa de passeio, que, no entanto, não deve ser confundido com traje passeio – roupa formal. Foi batizado de *sakko*, contração alemã de *sack coat*, sem dúvida por causa das origens germânicas de Albert, o príncipe consorte casado com a rainha Vitória.

Embora considerado excêntrico na Inglaterra, país conhecido por adorar formalidades, por volta de 1870 o *sack coat* dos britânicos passou a ser amplamente usado e caiu nas graças dos homens elegantes em busca de roupas mais práticas.

Nos Estados Unidos, o traje esteve na moda durante a Guerra Civil americana (1861-1865) e formatou o estilo americano, ficando conhecido e famoso como *sack suit* ou, mais tarde, *Brooks Brothers natural sholder* – com ombros menos estruturados que os do estilo inglês.

O *sack* surge na Londres da rainha Vitória e invade Nova York. Era comum entre a classe média burguesa, usado por pequenos negociantes como roupa de trabalho e também por lojistas, donos de armazéns e banqueiros de pequenas cidades do interior. Nos Estados Unidos, o traje é considerado também mais um humilde ancestral do terno moderno, o que mais se aproxima do formato do século XX. Era deselegância e falta de educação um homem aparecer em mangas de camisa na frente de uma mulher que não fosse sua esposa, e foi esse o motivo pelo qual a roupa caiu no gosto dos homens de negócios comuns. Homens que andavam nas ruas em mangas de camisa, nessa época, como já foi dito, eram considerados indesejáveis pelas mulheres, ou seja, era algo considerado feio.

O paletó-saco poderia ser usado com colete com uma pequena lapela bicuda, seguindo a do paletó – tudo no mesmo tecido, cor e padrão. Nos Estados Unidos, um livro publicado em 1878 – *Elements of garment cutting* – deu as diretrizes, as proporções e os moldes para os alfaiates executarem o paletó-saco, que, cada vez mais, ia se sofisticando. Importante lembrar, contudo, que o modelo original não tinha pences laterais, nem era ajustado; era reto, daí "saco".

De acordo com o autor, supunha-se que seus leitores tivessem noções de técnicas de alfaiataria, tanto quanto de proporções, colocação de bolsos, lapelas, colarinhos e cintos. Era comum, no início do século XX, esses conhecimentos de manuais sobre a indumentária, assim como a compra de linhas e botões dos armazéns e armarinhos, que, com o advento da fabricação em massa, foram saindo de moda.

O modelo do paletó-saco com abotoamento simples de três ou quatro botões tornou-se a espinha dorsal da alfaiataria americana. Talvez o grande defeito da roupa seja esconder as formas e massificar o visual, pois todos os usuários pareciam iguais; por outro lado, dava certa liberdade pelo fato de não chamar a atenção e ser aceito e adequado para quase todos os lugares que dispensam formalidade.

O fim da era vitoriana

O visual sombrio e triste da era vitoriana foi banido pela moda do início do novo século. O casaco Chesterfield, que ganhou o nome do conde de Chesterfield, tornou-se um clássico do século XX como roupa invernal que vai até os joelhos. Surgiu também a moda de xales para homens entre 1840 e 1860. Eram feitos de lã e usados sobre os ombros em xadrez escocês ou cores escuras.

No início do século XX, a indumentária masculina tornou-se estandardizada, porém com um código distinto de regras de elegância. Estilo do corte, comprimento de paletós, formato de lapelas, largura das calças, número de botões no abotoamento simples ou duplo, enfim todas as mudanças estilísticas passaram a ser quase imperceptíveis a cada verão e inverno. Depois da Primeira Guerra Mundial evidenciou-se a influência da alfaiataria italiana com inspirações militares e, ocasionalmente, as roupas dos galãs de Hollywood começaram a chamar a atenção. Londres, todavia, continuou soberana no estilo e na moda para homens, na entrada do século XX.

Revolução Industrial e as joias feitas à máquina

Por volta de 1860, na Inglaterra, o negócio da joalheria foi transformado pela mecanização: surgiu a indústria das joias feitas à máquina. Embora não tenham desbancado as joias feitas à mão pelos mais famosos joalheiros, as classes menos favorecidas puderam ter acesso aos ornamentos, o que causou uma revolução no negócio.

Capítulo IV - Século XX

Anos 1900

Principais manchetes do século XX: década de 1900 - A passagem

1900 – Acontece em Paris a Exposição Universal. Os trabalhadores, homens e mulheres, começaram a adotar o saudável hábito de pedalar depois do expediente nas fábricas. Houve, assim, um grande movimento com bicicletas e o consequente surgimento das roupas esportivas.

1900 – O homem da classe média adota definitivamente o terno de três botões.

1901 – Morre a rainha Vitória. Seu filho, que fora o príncipe de Gales, sobe ao trono do Império britânico, como rei Eduardo VII. É o fim da era vitoriana e início da era eduardiana.

1901 – O brasileiro Alberto Santos Dumont desenha, constrói e pilota o primeiro balão dirigível. Ao fazer isso, prova que os voos controlados eram possíveis. Em 19 de outubro de 1901, conquista o ar dando a volta na Torre Eiffel, em Paris, no que seria o protótipo de um avião. É considerado um dos nomes mais famosos do início do século XX. Santos Dumont também é conhecido por seu bom gosto nos trajes e cuidados que o põem no patamar de um dândi. A Cartier cria para ele o badalado "Santos", modelo de relógio de pulso, em tempos de relógios de bolso.

1903 – Os irmãos Wright, americanos, levam o crédito pela construção do primeiro avião, pilotando o primeiro voo controlado em um veículo mais pesado que o ar, em 17 de dezembro de 1903.

1903 – Guglielmo Marconi transmite os primeiros sinais de radiotelegrafia (transmissão de mensagens por meio de correntes de rádio) dos Estados Unidos para a Grã-Bretanha.

1905 – Albert Einstein publica os primeiros estudos que contêm a teoria da relatividade.

1906 – O terremoto de São Francisco, nos Estados Unidos, mata milhares de pessoas.

A virada do século

A maioria de nós, ao falar da vida na virada do século XIX para o XX, pensa em fotos em preto e branco e filmes mudos. Na realidade, o século inaugura uma era de muitas mudanças radicais e grandes desenvolvimentos tecnológicos. Na Inglaterra, depois de um longo reinado que durou 64 anos, morre a rainha Vitória (1819-1901) e, com ela, chega ao fim uma era de relativa estabilidade. No campo da tecnologia continuam os avanços que começaram com a Revolução Industrial do fim do século XVIII, entrando pelo XIX.

Eduardo VII, o primeiro rei inglês do século XX, filho e sucessor da rainha Vitória, definiu a moda masculina no início do século. Sua Alteza foi para o trono em idade avançada, em 1901, com 60 anos. Ele já se tornara um homem de estilo desde quando fora o príncipe de Gales. Nos Estados Unidos, outro líder político refletia, com elegância, a moda de seu tempo: o presidente Theodore Roosevelt, que, com muito estilo, levou vantagem sobre seus desalinhados concorrentes, sempre vestidos com muito mau gosto.

Casacas e fraques

Até 1901 a casaca e a cartola eram itens obrigatórios, como trajes do dia usados pelas classes abastadas. A geração jovem, por outro lado, via nessa forma de vestir o traje ideal apenas para momentos formais; a casaca foi rapidamente trocada pelo fraque, roupa semiformal que podia ser utilizada ao longo do dia, exceto para a noite. Lembremos que a casaca fora usada a princípio no século XVIII como um casaco para montaria, o redingote, conforme mencionado, daí a parte da frente ser cortada para liberar os joelhos quando o cavaleiro estivesse sentado na sela.

O business suit *ou terno executivo*

O paletó-saco, cuja história vimos no fim do século XIX, deu a silhueta do terno executivo moderno. Em geral com quatro botões e abotoamento alto, logo se tornou o uniforme urbano para as classes médias e proletárias. É importante enfatizar que todos usavam ternos.

Figura 4.1 - *Business suit*.

Um homem refinado tinha muitas escolhas para os casacos e sobretudos. O Chesterfield era o mais elegante: abotoamento simples, comprimento no joelho, com um bolso e botões embutidos, ostentando uma lapela de veludo na maior parte das vezes.

O Ulster era um casaco comprido para inverno, feito de tweed pesado, originário da Irlanda. Com abotoamento cruzado e, normalmente, oito botões, era o casaco apropriado para o frio e também o favorito para viagem tanto em carruagens quanto em carros motorizados. Combinava com chapéu (marrom, na maioria das vezes) e complementos como luvas e bengalas.

A capa MacFarlane era conhecida como o traje de Sherlock Holmes. Para momentos de muita chuva, o cavalheiro podia proteger-se com um Mackintosh – sobretudo feito em gabardina.

Na virada do século, a roupa para a noite continuava como antes: uma casaca preta, um colete preto ou branco, calças pretas, sapatos de verniz, camisas brancas engomadas, abotoadas com botões de madrepérola ou pedras preciosas como brilhantes ou esmeraldas (estas somente para os mais ricos) e gravata-borboleta branca (*white tie*). Essa roupa aos poucos ficou restrita às ocasiões formais. Do mesmo modo que o fraque deu lugar ao terno, a casaca foi trocada por um paletó mais curto – o *dinner jacket*, também conhecido como smoking ou tuxedo.

Abotoar ou não o terceiro botão do terno?

Em muitas ocasiões, o rei Eduardo VII adicionou seu estilo a questões da indumentária masculina. Reza a lenda que ao se sentir satisfeito, digamos assim, após um grande banquete (ele adorava comer), ele abria o último botão de sua casaca e do colete. Não demorou para esse detalhe se tornar uma tradição e regra do bem-vestir: um cavalheiro nunca deve abotoar o último botão (o de baixo) de um paletó de três e isso vale também para o colete caso esteja trajando um conjunto de três peças. Desvenda-se então o mistério sobre o porquê de um homem elegante nunca abotoar o último botão de um colete. A regra vale também para os paletós de quatro ou dois botões: o de baixo nunca se abotoa.

Existe outra corrente de estudiosos da moda masculina que imputa a origem desse hábito de não abotoar os últimos botões a Luís XIV. Como o *justaucorps* e os coletes longos tinham muitos botões, o rei francês não tinha paciência de esperar que seus pajens (em grande parte nobres de alta estirpe, pois era honra servir ao rei e à rainha) abotoassem todos eles, ou desabotoassem quando trocava de roupa. Os últimos de baixo acabavam ficando sempre desabotoados. A moda teria emplacado em Versalhes e, de lá, ganhado o mundo, atravessando os séculos. Fica o registro.

Chapéus

Na virada do século, um homem não era considerado bem-vestido se não estivesse usando um chapéu. A cartola era fundamental, porém o modelo que começou a ser usado no campo e foi batizado de Bowler – típico dos ingleses de hoje – infiltrou-se nos meios chiques urbanos. Assim denominado por causa de John Bowler, um chapeleiro inglês do século XIX, o chapéu também era conhecido como

Coke (daí chapéu-coco) por causa de William Coke, outro chapeleiro famoso. A versão marrom do chapéu Bowler ficou conhecida no universo das corridas de cavalo nos Estados Unidos – ambiente refinado e masculino. Outros chapéus populares incluíam o Homburg, o de palhinha e o panamá. Originalmente luxuoso, o chapéu-panamá ganhou esse nome depois de o presidente americano Theodore Roosevelt tê-lo usado em 1906 em uma visita ao Canal do Panamá. Em seguida, caiu no gosto dos homens elegantes americanos para serem usados durante o dia. Mais tarde, os famosos chapeleiros ingleses apostaram suas fichas no material; até hoje, são acessórios masculinos elegantíssimos e acabam de cair nas graças do público jovem. Na realidade, são produzidos no Equador e há muito tempo foram distribuídos para a Europa e Ásia através do Canal do Panamá, daí o nome.

Entre 1890 e 1914, os efeitos da reforma social e da democracia espalharam-se por toda a sociedade e, assim, as distinções sociais na maneira de vestir entre as classes mais elevadas e as trabalhadoras começaram a desaparecer. Colarinhos duros e gravatas ainda representavam status social, pois eram usados por homens que ocupavam altas posições; os que podiam sujar-se durante o trabalho – vendedores, assistentes administrativos, caixas de bancos ou secretários em funções burocráticas – usavam colarinhos baixos. Já os trabalhadores braçais aboliram todos os colarinhos e gravatas.

O início do século XX não cessa de reafirmar o princípio do homem distinto e educado: a discrição. Comedir-se, observar as conveniências e as circunstâncias, respeitar a prioridade das mulheres, tudo isso originou a expressão "*ladies first*" ("primeiro as damas").

Esportes e lazer

Nos anos 1900, esportes e lazer eram privilégio das classes média e alta. Os trabalhadores, fossem homens ou mulheres, levavam a vida no batente. À noite, com a conclusão de suas tarefas diárias nas novas e modernas fábricas, muitos começaram a adotar o saudável hábito de pedalar. Houve, assim, um boom de bicicletas e, como resultado, o surgimento das roupas esportivas. Apareceram anúncios de roupas de baixo em camurça para homens e mulheres, supostamente úteis e saudáveis para proteger as partes de baixo do selim da bicicleta.

Nas corridas, quando a aristocracia britânica estava presente, exigiam-se trajes formais; na ausência do rei ou da rainha, no entanto, um terno de tweed com chapéu Bowler dava o recado. O rei Eduardo VII era fã das caçadas, um esporte popular entre a nobreza ao qual muitas peças do vestuário foram batizadas por associação. Um dos exemplos é o paletó Norfolk, confeccionado em tweed com padrão xadrez, cujo comprimento vai até a cintura, tem bolsos na parte superior da frente e é arrematado por um cinto. O comprimento das calças chegava até abaixo dos joelhos, sendo o traje finalizado por dentro das meias e arrematado por polainas.

A invenção do dirigível, em 1900, possibilitou as viagens aéreas. Houve uma verdadeira explosão de viagens para praias e resorts nos litorais, tornando-se Biarritz (no sul da França) um dos lugares mais populares para gente endinheirada. Foram divulgados esportes como natação e jogos à beira-mar, o que promoveu o surgimento dos anúncios de roupas de banho em pôsteres.

Na Europa, o absinto – bebida extraída de uma planta amarga, a losna, e também conhecido como "fada verde" – tornou-se popular entre a classe trabalhadora, embora fosse ilegal em muitos lugares do continente europeu. Chegou às classes altas. Nos Estados Unidos, em Nova Orleans, onde a forte influência francesa dava o tom, o absinto conquistou a comunidade artística, mas, como uma verdadeira droga, causou desgraças e acabou sendo banido em 1912.

Década de 1910: de 1910 a 1919

1910 – Em 6 de maio, morre o rei inglês Eduardo VII. Fim da era eduardiana.
1910 – O plástico é inventado.
1910 – Mulheres batalham por direito de voto.
1912 – O Titanic naufraga.
1912 – O primeiro salto de paraquedas é realizado nos Estados Unidos.
1913 – Niels Bohr descobre a estrutura do átomo.
1914-1918 – Dá-se a Primeira Guerra Mundial.
1914 – É aberto o Canal do Panamá.
1917 – A Revolução Russa acontece em outubro.
1919 – Inicia-se um verdadeiro boom dos poços de petróleo, no Texas, nos Estados Unidos. Nessa década, apesar do calor que fazia nas fábricas, os homens quase nunca trabalhavam sem camisa. Ser visto sem roupa da cintura para cima era considerado falta de pudor.

A moda da década

Pela primeira vez na moda houve uma discrepância entre as gerações. Os homens jovens não queriam vestir-se como seus pais, uma vez que estes ainda usavam as relíquias sisudas da era vitoriana. A alfaiataria buscou novas silhuetas, e o paletó-saco da década anterior saiu de moda. Para substituí-lo, entrou em circuito um modelo mais justo, de cintura mais alta que – embora muitos não dessem atenção à nova forma – influenciou a moda feminina.

As lapelas eram altas e largas, o abotoamento consistia em três ou dois botões, com os ombros seguindo a linha natural do corpo. Usava-se esse modelo com calças mais curtas e estreitas, que revelavam os sapatos de bicos arredondados, estilo norte-americano, com saltos mais altos se comparados com os europeus.

Os coletes ainda eram parte importante dos ternos; em geral, tinham a gola xale, com abotoamento alto, e ficavam visíveis mesmo quando os paletós estavam abotoados. Nesse período, o terno – já podemos chamar o traje assim – não era mais apenas uma opção no guarda-roupa de um cavalheiro. Tornara-se o uniforme oficial dos chamados homens de colarinho branco (*white collars*) ou roupa do homem que trabalha, roupa que já é traje do homem de negócios ou do executivo do mundo ocidental. Foi a turma da vanguarda, em particular a comunidade artística, que primeiro adotou a nova e prática maneira de vestir. Os futuristas não limitavam suas atividades ao etéreo e rarefeito mundo da arte como uma de suas preocupações artísticas, eles tinham muito a dizer sobre como as pessoas deveriam se vestir.

Giacomo Balla incluiu seu nome no manifesto "O primeiro manifesto do guarda-roupa futurista do homem" em 1914 e, em uma estética de característica futurista, escreveu que desejava "cores musculosas, selvagemente violeta, muito, muito, muito vermelho, 300 mil vezes verde, 20 mil vezes azul, amarelo ou laraaaanja, vermeeeeelho!" Ser chique ou elegante, seguindo o catecismo vigente da discrição, passou a ser uma virtude fora de moda. Balla queria roupas coloridas e vibrantes em sobreposições de tecidos leves que facilitassem os movimentos e deixassem a pele respirar. Na prática, ele já colocava em cena os preceitos das roupas esportivas modernas, multicoloridas, que necessariamente não precisavam durar a vida toda. Os paletós eram assimétricos, refletindo a era da máquina industrial que facilitava sua produção; os pares de calçados também tinham cores contrastantes.

A estrela do futurismo em Paris era o artista chamado Guido Severini. Ele andava com a turma de artistas plásticos que circulavam em torno de Sonia e Robert Delaunay – casal de pintores que também tinha o talento e a perspicácia de captar a moda e mostrá-la por meio da mistura de cores e formas em seus quadros.

Como um ímã, Severini absorvia de maneira calorosa todos os detalhes das roupas usadas pelos frenéticos e arrojados artistas nas festas parisienses, e todas as noites escrevia para o quartel-general futurista, em Milão. Suas deliciosas crônicas detalhavam as extravagantes e coloridas roupas usadas por Robert Delaunay, como gravatas vermelhas, sapatos azuis e amarelos, paletós em vários tons de azul e qualquer outra novidade. O famoso escritor e crítico de arte francês Guillaume Apollinaire uma vez escreveu ter visto Severini usando um sapato vermelho em um pé e um sapato na cor verde-garrafa no outro.

Para a maioria dos trabalhadores sempre houve distinção entre a roupa de trabalho e a roupa de domingo. Durante a década, o movimento socialista alastrou-se pela Europa, reivindicando melhores condições de trabalho e igualdade para os trabalhadores. Mesmo assim, levou algum tempo para que os trabalhadores e operários conseguissem o benefício de o empregador provê-los com roupas adequadas e proteção no trabalho.

Colarinhos brancos (white collars) *versus colarinhos azuis* (blue collars)

A roupa básica de trabalho, na Europa e nos Estados Unidos, incluía camisas listradas ou xadrez com colarinho colorido, diferente dos colarinhos brancos impecáveis e destacáveis dos patrões. Daí os termos trabalhadores de colarinhos brancos (*white collars*) para os executivos e chefes, e colarinhos azuis (*blue collars*) para os trabalhadores e subordinados. A camisa era usada com colete, calças de lã e boné.

As calças eram mantidas no lugar com auxílio de suspensórios. Se um novo cinto fosse usado, a fivela era virada para as costas a fim de evitar acidentes de trabalho que envolvessem cintos e máquinas nas fábricas. Apesar do calor que fazia nas fábricas, era raro os homens trabalharem sem camisa.

Outro artista reformador do vestuário, Ernesto Thayaht criou a Tuta na Itália falida do pós-guerra, em 1919. A roupa, desenhada em molde didático e tudo o mais, era uma espécie de precursor do macacão, com uma silhueta simples. Era o que os ingleses chamam de **all in one design**, ou seja, uma unidade com múltiplas funções, uma roupa universal que podia ser utilizada por qualquer pessoa, não importando sua profissão. Os construtivistas russos também fizeram seus experimentos em tipos de roupas práticas para a jovem geração soviética, como o macacão batizado de Soviet que Alexander Rodchenko usou. A diferença é que, para ele, cada profissão deveria ter seu tipo adequado de macacão.

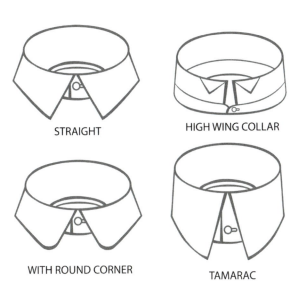

Figura 4.2 - Diferença de colarinhos.

O zíper

No início do século XX foi inventado o zíper ou fecho-éclair, um sistema de abotoamento feito de uma série de ganchos e orifícios, com uma garra para abrir e fechar, que se tornou verdadeira mão na roda na indústria da moda. Foi patenteado pela primeira vez em 1893 por um engenheiro de Chicago chamado Whitcomb L. Judson, mas em 1913 Gideon Sundback patenteou uma versão mais refinada. O novo sistema não tinha ganchos, mas sim dentes de metal que se entrelaçavam, e transformou-se na base do zíper que conhecemos hoje. Esse modelo de fecho foi usado inicialmente em cintos, porta-moedas e bolsas de tabaco; em 1917 membros da marinha norte-americana receberam jaquetas impermeáveis com esses fechos na frente.

A palavra onomatopaica *zip* ou *zipper* foi criada por BG Work da BF Goodrich Co. para descrever o fecho, prendedor da nova marca de galochas da empresa. Não demorou muito até que se descobrisse a utilidade do zíper para fechar ou prender vários tipos de roupa e até que se incorporasse esse tipo de fecho pela sociedade civil, pelos trajes sociais e pelo exército norte-americano logo após a Primeira Guerra.

Por volta de 1910 os calçados americanos, como botas de cano médio, representavam a moda da época. Com largas solas e fivelas decorativas, caíram no gosto dos jovens europeus. Polainas cobrindo os sapatos também se tornaram populares, pois, além de enfeitar, protegiam os pés da friagem.

O cinema

Em 1912 a indústria cinematográfica crescia e aparecia. A classe média já tinha condições de pagar pelo divertimento; cinco milhões de americanos iam ao cinema diariamente. Em 1916 foi inaugurado o Rialto Theatre em Nova York, com 2.300 lugares, rivalizando com o Gaumont Palace em Paris, cuja capacidade era de 5 mil lugares. Em 1914 os primeiros cinemas de 2 mil assentos foram inaugurados em Londres.

Década de 1920: de 1920 a 1929

1920-1933 – A Lei Seca está em vigor nos Estados Unidos, proibindo a fabricação, o transporte e a venda de bebidas alcoólicas.
1920 – Os primeiros discos para tocar em gramofones são produzidos.
1922 – É encontrada, sem violação, a tumba do faraó egípcio Tutancâmon.
1924 – Morre Lênin, fundador da República Socialista Soviética da Rússia.
1924 – É inventado o alto-falante.
1925 – Adolf Hitler publica o primeiro volume de *Mein Kampf*.
1926 – John Logie Baird inventa a televisão.
1927 – Charles Lindbergh faz o primeiro voo transatlântico.
1928 – Alexander Fleming descobre a penicilina.
1929 – Acontece a quebra da bolsa de Wall Street, em Nova York, também chamada de Crash of 29.

Nessa década a juventude já começava a criar o hábito de usar um único traje o dia inteiro, ao contrário do que acontecera no decênio anterior quando um homem chique usava uma roupa adequada para cada hora do dia e ocasião.

A moda da década

Após a Primeira Guerra Mundial (1914-1918) houve um período de desenvolvimento da indústria de confecção de roupas para homens e aumento do anticonformismo. Isso deu-se principalmente entre os americanos que, desde os anos 1920, começaram a valorizar, por meio do estilo de suas roupas, certas ideias de juventude e descontração. Até o princípio do século XX um homem elegante precisava de um traje correto e adequado para cada circunstância do dia; a juventude dos anos 1920 começou a criar o hábito de usar um único traje o dia inteiro, por exemplo o mesmo terno de lã macia.

Barba, bigode e similares – sinais de virilidade de ontem – desapareceram do dia para a noite, raspados pelo novo e bombástico aparelho de barbear, provido de lâminas de segurança e patenteado por King Camp Gillette.

Figura 4.3 - King Camp Gillette.

Os anos 1920 representaram uma era de instabilidade e mudança que se refletiu na moda da época. A geração jovem, que procurava algo novo e excitante depois dos tempos de guerra, encontrou na alfaiataria mais relaxada e menos dura uma saída. O colarinho, responsável por determinar o status, como vimos na década passada, tornou-se foco de debates. Por que não ser macio, confortável e fazer parte do corpo da camisa, em vez de ser duro e destacável? Surgiu, então, um estilo que causou polêmica: homens começaram a adotar as camisas de colarinho mole, que logo se tornaram moda nos Estados Unidos, como os cintos, que passaram a substituir os suspensórios. Essa era a imagem moderna do homem que – no caso dos mais ousados – no verão chegava a abrir mão da gravata, exibindo colarinhos livres que editavam um visual anárquico e revolucionário, batizado de *The Byron* em homenagem a lorde Byron, ou *The Danton*, referindo-se a Georges Jacques Danton, figura revolucionária, líder nos primeiros estágios da Revolução Francesa.

A adoção do suéter pelos jovens foi outra inovação da moda na década de 1920. Para eles a peça simbolizava uma ruptura com os anos de guerra e, também, uma inovação que os separava da geração de seus pais. O modelo da moda era o suéter com decote em "V", o mesmo dos atletas do pré-guerra que o usavam para absorver a transpiração. A onda dos colarinhos **turtleneck** (a chamada gola rulê) em suéteres confeccionados em jérsei foi introduzida por Nöel Coward, ator, autor e compositor inglês, um homem ligado em estilo. A grande vantagem da peça foi agregar ao guarda-roupa masculino a possibilidade de se fazerem sobreposições, diversificando e dando cara nova às peças básicas. Surgiram modismos como o uso de suspensórios por fora dos pulôveres, assim como o pulôver sem manga com camisas de mangas compridas, colarinho e gravata por dentro, em um visual que atravessou o século.

A moda de calças estreitas e elegantes ficou abalada no verão de 1925 com o estilo chamado de Oxford baggies, calças amplas inspiradas nos modelos atoalhados que os estudantes universitários usavam sobre seus shorts quando praticavam remo. Essas calças eram a última moda, usadas pelos alunos da Universidade de Oxford, Inglaterra, que ainda não haviam se formado naquela década. A boca media cerca de 50 cm e a bainha era virada no melhor estilo bainha inglesa, cuja origem já vimos no século XIX. Em Oxford, nos anos 1920, alguns estudantes usavam modelos que chegavam a medir 100 cm de circunferência da bainha. Era a grande moda da época.

Londres era a capital da moda masculina naquela década, e a anglomania – movimento que difundiu a moda e o estilo de vida inglês – tomava conta do mundo, em especial da Alemanha e dos Estados Unidos. O fato era visível nos materiais escolhidos para as roupas dos elegantes, como os paletós confeccionados com tecidos feitos em teares caseiros ou lãs artesanais que supriam os americanos com o estilo do campo inglês, famoso pelas cavalgadas, pela caça e por outras atividades esportivas tidas como elegantes.

Na década de 1920 o tweed virou palavra fashion, generalizando uma espécie de tecido usado no campo pelos lordes ingleses e editando um visual descontraído e sofisticado ao mesmo tempo. Mais para o fim da década, outro tecido inglês mostrou-se fundamental na moda masculina: a flanela, principalmente nos tons de cinza. A mais famosa era a de Gales, região a sudoeste da Inglaterra, onde era fabricada desde o século XVII. A cor cinza virou sinônimo de elegância.

Usada a princípio para underwear (roupas de baixo, íntimas), no século XIX, e depois, por volta de 1880, para roupas esportivas, a flanela tornou-se um artigo importante dos guarda-roupas de verão dos anos 1920. No entanto, o tecido macio tinha lá suas desvantagens uma vez que as roupas iam perdendo o feitio com o uso prolongado.

A anglomania também havia provocado uma febre em relação à heráldica – arte ou ciência dos brasões – por aqueles que não eram nobres, que ansiavam e estavam fascinados pelos fechados clubes masculinos em Londres. O estilo de vida de seus membros e a vida glamorosa da classe alta inglesa passaram a ser a aspiração de muitos jovens. Mundo afora, ser confundido com um lorde tinha virado moda, então muitos plebeus começaram a usar as gravatas típicas dos clubes exclusivos mais conhecidos. Tudo isso contrariava os verdadeiros lordes, aqueles que eram de fato aristocratas. No Brasil, a expressão "fulano parece um lorde" quer dizer que o tal fulano é elegante e tem jeito de rico.

Em Londres, com a instalação da calefação, as camisolas pesadas e as ceroulas deram lugar aos pijamas importados da Índia. O traje é resultado das muitas influências da colonização inglesa no sul da Ásia nos séculos XVIII e XIX, tempo áureo do Império britânico. Os *robes de chambre* – roupões de seda com desenhos em estampas vibrantes que refletiam a arte moderna daquele tempo – eram algo para ser visto e apreciado em casa. O visual de pijama e o *robe de chambre* foram popularizados por Nöel Coward.

Na Inglaterra o homem do campo – que agora usava tratores e outros maquinários – deixou de usar aventais ou similares, os quais se tornaram perigosos por causa do contato com as máquinas e da possibilidade de acidentes. As botas de borracha começaram a ser usadas no campo, substituindo os sapatos antigos com solas de couro do século anterior. Nos Estados Unidos os caubóis – vaqueiros ou homens do campo – usavam jeans com camisas de denim, lenços no pescoço – bandanas, de origem indiana, utilizadas para secar o suor e proteger os colarinhos da poeira – e os tradicionais chapéus que os protegiam do sol. Na agricultura os trabalhadores usavam camisas sem colarinho e calças em algodão ou denim, em especial pela resistência do jeans.

A crise de 1929 incrementou o consumo de moda para homens

Embora a Grande Depressão, provocada pela quebra da bolsa de Nova York em 1929, significasse muito desemprego, os homens que ainda conservavam os seus empregos começaram a seguir a moda com maior assiduidade, fato que ainda não havia acontecido no universo masculino. Jornais, anúncios e o cinema mantinham o homem informado sobre o que seus semelhantes estavam vestindo – tanto na Europa quanto nos Estados Unidos. Assim, os padrões da moda masculina tornaram-se mais uniformes. As roupas de malha eram privilégio dos ricos playboys. O pulôver, unanimidade entre os homens que trabalhavam duro na década anterior, foi substituído pelo pulôver sem mangas.

O novo espírito da democracia e igualdade que varria a Europa afetou até a maneira de vestir dos empregados que trabalhavam nas casas de famílias abastadas. Roupas de criados muito elaboradas saíram de moda. Eles passaram a se vestir como os mordomos: casaca com cauda, calças pretas, camisa branca e polainas cinza.

Os automóveis proliferaram, e mais gente estava dirigindo. Ainda que um cavalheiro soubesse dirigir, contratava um motorista. O antigo traje dos motoristas de carruagens foi trocado pelo dos motoristas modernos: ternos mais leves, boné e óculos para proteger da poeira.

Década de 1930: de 1930 a 1939

1930 – Descoberta de Plutão.
1930 – O acrílico foi inventado.
1930 – O Uruguai ganha a primeira Copa do Mundo.
1933 – Termina a Lei Seca nos Estados Unidos.
1934 – Adolf Hitler se torna führer, chefe máximo do Reich e do partido nazista.
1936 – Eduardo VIII abdica do trono para se casar com a americana Wallis Simpson, torna-se o duque de Windsor e vem a ser considerado um dos homens mais elegantes do século XX.
1936-39 – Acontece a Guerra Civil Espanhola.
1939 – A Alemanha invade a Polônia: Grã-Bretanha e França declaram guerra – explode a Segunda Guerra Mundial (setembro de 1939 a setembro de 1945).

Figura 4.4 - Um traje típico dos anos 1930.

A moda da década

A camisa polo Lacoste

Durante o século XIX e até o início do século XX os jogadores de tênis costumavam usar camisas de manga comprida, calças e gravatas, e é claro que o traje causava problemas nas quadras. O francês René Lacoste, famoso campeão de tênis que dominou as quadras nos anos 1920 e no início da década seguinte, tornou-se o padrinho e pioneiro das marcas de grife nos esportes. Ele recebeu o apelido de *Le Crocodile* por sua agressividade nas quadras. Em 1933, quando se retirou do tênis, fundou La Société Chemise Lacoste em parceira com André Gillier, presidente da maior manufatura de produtos em malha da França. Então, Lacoste lançou uma camisa de tênis branca em tecido piquê, que ajudava a conter o suor. Tinha mangas curtas, gola, botõezinhos que iam até o pescoço e o emblema de um pequeno crocodilo no lado esquerdo do peito. Nasceu a camisa Lacoste, com a qual ele ainda chegou a jogar.

A versão inglesa da camisa de tênis foi criada pelo alfaiate Frederick Scholte, com talhe alongado que mistura classicismo e dá liberdade aos movimentos. Foi adotada por nobres e plebeus; o príncipe de Gales, eleito rei Eduardo VIII, depois duque de Windsor era seu fã e aparece em fotos clássicas, esbanjando estilo, vestindo a tal camisa.

Desde essa época a silhueta da camisa ficou famosa como roupa de lazer, como também a gola polo que, como veremos adiante, inspirou-se no modelo para tênis. Na virada para o século XX, esta era uma gola de camisa masculina, branca, redonda e engomada. Pouco a pouco, o nome passou a descrever uma gola mole, alta e circular em torno do pescoço e virada para baixo.

Como a camisa de tênis foi parar no campo de polo?

Antes de René Lacoste lançar sua camisa de tênis em algodão piquê em 1933, os jogadores de polo também usavam camisas de mangas compridas confeccionadas em um tipo de algodão chamado Oxford. Essas camisas, desde o fim do século XIX, tinham um botãozinho na gola para impedir que, com o movimento dos cavalos e do vento, batessem no rosto dos jogadores. Em 1896, a marca de moda masculina americana Brooks Brothers apropriou-se do visual e lançou a hoje famosa camisa *button-down*, a de colarinho americano. Como as antigas camisas de tênis, as do polo eram muito desconfortáveis. Quando os jogadores do esporte descobriram a ideia brilhante de Lacoste, seu modelo de camisa, imediatamente adotaram o mesmo feitio para a prática do polo.

Em 1920 o negociante de roupas masculinas Lewis Lacey, um argentino-irlandês que também era praticante de polo, lançou uma camisa que trazia bordada no peito a figura de um jogador, reproduzindo um desenho do Hurlingham Polo Club, perto de Buenos Aires. Não seria essa uma ancestral da camisa polo de Ralph Lauren?

Assim, a nova camisa do tênis foi apelidada de camisa polo por ter sido adotada como uniforme desse esporte. O que ambas têm em comum? A silhueta e o fato de um dia terem sido de mangas compridas e desconfortáveis. Hoje até os jogadores de tênis a chamam de camisa polo, mesmo sabendo que a versão original é a que foi feita para seu esporte, criada por René Lacoste em 1933.

Nos anos 1930 o antigo paletó-saco, o *lounge suit*, tornou-se afinal conhecido como *business suit*. Lembramos que tudo começou com o modelo de roupa de lazer, sem pences nas laterais. Foi muito bem rebatizado uma vez que passou a ser a roupa oficial de trabalho dos homens urbanos, os quais tinham de ser fortes e superar as dificuldades para ganhar a vida naqueles tempos difíceis. A nova silhueta do terno refletia o biotipo do homem, que havia mudado: seus músculos estavam mais firmes, resultado dos tantos exercícios que praticava, e as espáduas e o peito, mais largos.

O fraque, composto de casaca preta e calças cinza em risca de giz (listradas), mantinha o status de roupa formal e estava restrito a círculos mais conservadores. O terno de abotoamento duplo (*double breasted*) – popular aqui como jaquetão - em flanela escura, com lapelas bicudas, ombros marcados por ombreiras, justo nos quadris, marcando a silhueta, e acompanhado de calças baggy (amplas) era o uniforme de trabalho da jovem classe dos homens de negócios.

O homem já não trocava de roupa de três a quatro vezes por dia, como seus pais e avôs faziam. Isso também era consequência da crise à qual todos tinham de se adaptar, mas reforçou o uso do mesmo terno durante todo o expediente, como já acontecia desde a década passada. O terno jaquetão em cores escuras era uniforme, e não importava a função ou o status social.

O novo corte do terno foi concebido pelo alfaiate holandês Frederick Scholte, o mesmo que havia turbinado a camisa de tênis. Ele, que ao ficar famoso mudou-se para mais perto da Saville Row – a rua dos alfaiates mais respeitados do planeta –, foi o primeiro alfaiate a trazer referências militares ao terno civil, além de pioneiro na técnica que ficou conhecida como *drape cut* ou *London cut*, estilo que ele pegou emprestado do sobretudo do uniforme da Guarda Real. Para executar o *drape cut* – que produzia um efeito drapeado – era preciso técnica de mestre, invisível mas fundamental no efeito de dobras horizontais de tecido que caíam do braço à cintura, acentuando a largura do tronco e possibilitando os movimentos elegantes do peito e dos braços.

Foi uma espécie de precursor do *power dress*, com ombreiras dos yuppies (young urban professionals) dos anos 1980. Seus paletós, mais curtos, tinham os ombros superamplos, dando a impressão de um tórax mais poderoso do que realmente era. Lapelas amplas e bicudas, ombreiras, bolsos altos e cinturas marcadas por pences, tudo isso definia um estilo denominado *V-shape* que marcou a alfaiataria dos anos 1930.

Mais tarde o corte inglês se tornou mais conhecido como *American cut* (corte americano) graças aos inúmeros galãs de Hollywood que confeccionavam seus ternos na Saville Row. Por intermédio do cinema, o estilo se difundia. O povo via, identificava e copiava as roupas de seus ídolos.

Cary Grant fazia seus ternos no Kilgour para ganhar a nova clientela, nascida do novo boom da Saville Row. O autor americano Alan Flusser, em seu livro *Clothes and the man* (1985), cita o fato de que, embora Grant tivesse a cabeça grande, nenhum de seus milhares de fãs – homens e mulheres – jamais se deu conta disso. Ele tinha consciência de seu físico, e seus alfaiates – os melhores – descobriram que os ombros largos, estruturados por ombreiras, disfarçariam esse visual.

Outros astros clientes da rua londrina são Gary Cooper, Clark Gable e Fred Astaire, assíduo frequentador dos alfaiates Anderson & Sheppard. Vale lembrar que os atores daquele tempo não tinham os alfaiates dos estúdios. Os elegantíssimos e impecáveis ternos que os vemos usando no telão são de seus guarda-roupas pessoais, comprados, muitas vezes, com os próprios recursos. Em 1934, em uma cena do filme *Aconteceu naquela noite*, com Clark Gable e Claudette Colbert, Gable tira a camisa e revela que não estava usando camiseta, ou regata, por baixo, como era costume na época. No dia seguinte ao da estreia, as vendas da peça, que era considerada underwear, caíram de modo vertiginoso.

Dizem que o padrão risca de giz, instituído nos anos 1930, foi adotado porque as linhas alongavam a silhueta. O visual ganhou fama também por ser o preferido de Al Capone e, depois, por ser seguido por todos os mafiosos. Havia também outro padrão chamado de *glen*, na forma curta de *glen urquhart plaid*, referindo-se a seu lugar de origem, na Escócia, que mais tarde foi rebatizado de padrão príncipe de Gales. O novo nome deve-se ao fato de Eduardo, o príncipe de Gales (mais tarde, rei Eduardo VIII e duque de Windsor, depois da renúncia ao trono inglês), ser visto com frequência vestindo tal padronagem clássica. Hoje, esse padrão também é usado na moda feminina. Distinta das listras, a trama de lã tecida em padrões xadrez e listras largas era bem difícil de ser usada, pois, teoricamente, fazia homens pequenos parecerem mais baixos e os fortes, gordos. Esses padrões, ainda por cima, davam mais trabalho aos alfaiates, que tinham de casar as linhas nos cortes. A mão de obra e o gasto de tecido extra para corrigir erros elevavam os preços, o que agregou aos tecidos certo valor de exclusividade.

Os sapatos usados durante o dia nos anos 1930 eram elegantes ao extremo. Os brogues, sapatos ingleses que se inspiraram nos modelos tradicionais irlandeses, eram típicos desse tempo. Aqueles feitos sob medida e à mão se baseavam em formas dos pés dos clientes; tirava-se o molde em gesso, assim, um homem elegante poderia encomendar vários modelos em seu sapateiro preferido, sem a obrigatoriedade de prová-los. Isso também refletia a fidelidade do cliente.

Uma versão em preto do chapéu Homburg, que anteriormente só era usado no campo, passou a fazer a cabeça dos homens durante toda a década. O dramaturgo irlandês George Bernard Shaw popularizou o modelo de chapéu com abas largas da marca americana Stetson, cuja silhueta foi difundida no cinema pelos filmes de caubóis. Nos Estados Unidos, os magnatas do petróleo o usavam com ternos, os *business suits*. Tornou-se uma imagem da cultura pop, *Made in USA*.

Década de 1940: de 1940 a 1949

1939 – Segunda Guerra Mundial (de setembro de 1939 a setembro de 1945).
1940 – Winston Churchill se torna primeiro-ministro da Grã-Bretanha.
1940 – Leon Trotsky é assassinado no México.
1941 – Ataque japonês a Pearl Harbor.
1945 – Hitler se suicida.
1945 – Explodem as bombas atômicas em Hiroshima e Nagasaki: o Japão se rende.
1946 – Nos Estados Unidos, a segregação racial contra os negros nos ônibus urbanos é considerada inconstitucional.
1946 – Na corte de Nuremberg, os carrascos nazistas começam a ser julgados.
1947 – Acaba o domínio britânico na Índia. Gandhi é assassinado.
1948 – É criado o Estado de Israel.
1948 – Foi institucionalizado o apartheid na África do Sul.

A moda da década

A Segunda Guerra Mundial foi um conflito militar que durou do fim dos anos 1930 até 1945. Na realidade constituiu um amálgama, uma combinação de dois grandes conflitos. Um dos conflitos começou na Ásia em 1937, com a Segunda Guerra Sino-Japonesa, o outro começou na Europa em 1939, com a invasão da Polônia pelas tropas alemãs.

A penúria imposta pela guerra, além de todas as desgraças que envolviam homens, mulheres e crianças, teve sensível influência no guarda-roupa masculino daquele tempo, já que impossibilitava encontrar qualquer dos tecidos dos quais a renovação do guarda-roupa dependia. Em 1942, na França, o racionamento organizado agravou-se com novas medidas que proibiam o gasto de tecidos.

Os zooties ou zazous

Paradoxalmente, nesse contexto nasce a indumentária zazou, ou seja, o *zoot suit* (o terno zoot ou zooty), um estilo usado e popularizado pelos afro-americanos, filipinos e mexicanos residentes nos Estados Unidos, que lá habitavam desde o fim dos anos 1930. O estilo e sua tribo chegaram à França. Eles desafiaram os tempos de guerra ao criar um visual extravagante; é difícil acreditar que poderia ter durado tanto tempo. Os ternos dos zooties dos Estados Unidos e dos zazous da França tiveram origem na música e no estilo de Cab Calloway, o primeiro a dançar as famosas Zah Zuh Zah e jitterburg (dança exótica e frenética) no Cotton Club do Harlem de Nova York, em 1930. Calloway liderou a primeira grande banda afro-americana, do início dos anos 1930 até o fim da década de 1940.

Os paletós eram grandes, longos, drapeados, sempre de jaquetões, em listras e xadrez grande; as calças eram baggy, de cintura alta, com folga sobre os joelhos e afunilando embaixo até a boca justa, com a bainha batendo 10 cm acima dos tornozelos; os sapatos tinham sola tripla; as meias eram curtas e brancas; as gravatas, fininhas; e o topete, frisado e duro de brilhantina, um prenúncio do topetão dos roqueiros que apareceria dez anos mais tarde. Complementando o traje, um chapéu no estilo Fedora, com abas e relógios com longas correntes. Em 1940 Malcolm Little, o futuro Malcom X, comprou em Boston o seu primeiro terno zooty com cupons dos tempos de guerra.

Figura 4.5 - Um traje típico dos anos 1940.

Musical e onomatopaica, a palavra que os denomina define uma silhueta e um estado de espírito. Trata-se do primeiro movimento de reivindicação popular de uma juventude constituída como tal e que, na contramão, elabora seus códigos de acordo com os trajes. Os zazous adoravam jazz e todos os ritmos americanos, do jitterbug ao swing. Essa seria então a primeira das tribos urbanas (modernas) mais tarde catalogadas pelo estudioso antropólogo anglo-americano Ted Polhemus, autor dos livros publicados nos anos 1990: *Streetstyle: from the sidewalk to the catwalk* e *Style surfing: what to wear in the 3rd millennium*.

Como os zooties e zazous foram reprovados com rigor pelos mais velhos, foi a primeira vez que moda e música ficaram estreitamente ligadas, em um movimento que se desenvolveu de ambos os lados do Atlântico, na Europa e nos Estados Unidos. A grande importância dessa tribo urbana foi o fato de marcar o fim da era absolutista dos adultos e abrir alas para o nascimento da moda e do poder jovem. Nas décadas seguintes as novas gerações representadas por beatniks, rockabillies, rockers, punks, hippies, cyberpunks e outros se incumbiram – e se incumbem ainda hoje – de "botar a boca no mundo", clamando por um espaço para defender suas ideias.

A Segunda Guerra Mundial: cupons para compras de roupas

A Segunda Guerra Mundial estourou em 1939 e sinalizou o início de um longo período de carência e racionamento na Europa e, por extensão mas em menor escala, nos Estados Unidos. O dinheiro era gasto na mobilização das tropas, e a moda masculina, ou qualquer tipo de frivolidade ou experimentação, estava longe da lista de prioridades das pessoas atingidas por aqueles tempos duros.

A Alemanha foi o primeiro país a introduzir cupons para a compra de roupas, em fevereiro de 1941 a França fez o mesmo. Após a queda da França a ocupação alemã decretou um regulamento para a compra de tecidos e roupas. A Grã-Bretanha também introduziu um sistema pelo qual cada adulto tinha garantidos apenas 66 cupons por ano. Um casaco masculino, por exemplo, custava 16 cupons; uma calça, 8; um par de sapatos, 7. Na primavera de 1942, quando a crise com a guerra se agravou, a permissão foi reduzida para 48 cupons ao ano. Alguns experimentavam sapatos com solas de madeira para que durassem mais.

Em 1942 a França e a Inglaterra anunciam um novo método de gerenciamento da indústria de roupas. Confeccionistas e alfaiates foram instruídos a modificar o estilo dos trajes para economizar tecido. Na França estavam proibidos casacos e paletós com pregas, pences, palas e nervuras; ternos do tipo jaquetão, calças baggy e com bainha dobrada ou bainha inglesa. As calças passaram a não ter bainhas e trazer apenas um bolso na parte de trás, sob a cintura, com a largura da boca limitada a 26,5 cm de circunferência. Da mesma forma, na Grã-Bretanha o esquema utilitário da Primeira Guerra Mundial foi reintroduzido. As roupas tinham de ser baratas, básicas e duráveis, pois era disso que as pessoas necessitavam.

Nesse mesmo ano a Grã-Bretanha introduziu outro programa que limitava o número de fabricantes de roupas e proibia o surgimento ou a inauguração de negócios na indústria do vestuário. Os Estados Unidos também foram afetados pela escassez. O fornecimento de lã para civis foi reduzido à metade a fim de atender à demanda dos uniformes militares. Muitos países adotaram como substitutos para os tecidos naturais os novos, como viscose e raiom (*rayon*), feitos com fibras artificiais à base de celulose.

O terno dos zooties, com proporções exageradas, imitava a silhueta triangular dos anos 1930, a silhueta de alfaiataria que ficou conhecida como *V-shape*. Essa foi a primeira vez, entre muitas outras depois, que a juventude negra urbana deixou sua marca na moda popular.

Em 1942 o comitê de produção de guerra baixou uma regra indicando que a lã utilizada nos ternos masculinos deveria ser reduzida em 26%; dessa maneira, os ternos dos zooties caíram na ilegalidade. Corajosamente, zooties e zazous desconsideraram a lei e passaram a encomendar seus trajes típicos a alfaiates clandestinos. Tão extravagante era o uso de tecidos que o visual começou a causar insulto nos ambientes aonde quer que os zooties chegassem.

Os conflitos, chamados de *zoot suit riots* – as badernas dos ternos zooties –, ocorridos em 1943 na Califórnia envolveram jovens negros e mexicanos que lutaram contra os fuzileiros navais, afrontados pela arrogância dos zooties e por sua displicência diante de todo o esforço que a nação fazia em tempos de guerra. De modo similar, em Paris, os zazous pagaram por não seguir as regras dos tempos da guerra.

Nasce a camiseta

Em 1942 a marinha norte-americana desenhou as especificações de um novo tipo de underwear, a camiseta (*undershirt*). A camisa, com decote redondo e manga curta, foi feita em algodão branco, com seus braços formando um "T", daí o nome t-shirt. No entanto, a nova roupa era um produto tão bom que não poderia ficar escondido sob a farda; portanto, os soldados começaram a usá-la por conta própria. Quando a guerra acabou, a marinha introduziu as camisetas na vida civil e, assim, nasceu uma das peças mais simples do guarda-roupa, que se tornou um clássico do pós-guerra. Nas décadas seguintes, transformou-se em um dos maiores outdoors para todos os tipos de mensagens: de políticas a afirmações estilísticas, passando por anúncios de bandas de rock e virando item de colecionador. Desde os anos 1980, a década das grifes, não há uma só grande marca masculina desprovida de uma linha de camisetas que represente seu conceito. São peças que realizam os sonhos dos que não têm condições de comprar um terno ou outra roupa cara de determinado estilista. As t-shirts são cartas marcadas, peças-fetiche.

Durante a guerra os jovens europeus tentavam conseguir peças no estilo **Made in USA**. Em Paris os mais descolados barganhavam calças jeans com os pracinhas (soldados) americanos. No fim da guerra, porém, todos os tipos de roupa do exército das forças aliadas chegaram às ruas. Em agosto de 1945 os norte-americanos decidiram vender o excedente de roupas militares. Logo, as primeiras lojas no estilo brechó foram abertas em 1946, e esse tipo de comércio foi o suporte para o nascimento do estilo de rua ou moda de rua (*street style*). O estilo, que vem da cultura das ruas e ganha força a partir dos anos 1970 com o boom da MTV, no início dos 1980, do hip-hop e do streetwear, até hoje está se reinventando. Vale lembrar que, mais tarde, nem a alta-costura escapou da influência *street*.

No pós-guerra, uma geração jovem e ansiosa por um novo estilo comprou rapidamente o vestuário militar dos brechós, e as ruas se encheram de roupas cáqui e verde. Tudo era aceitável, desde as calças amplas dos marinheiros às camisas cáqui. Ficar aquecido no inverno europeu era prioridade, mas também podia tornar-se uma regra de moda, como as **bomber jackets** (jaquetas de aviador usadas pelos pilotos dos aviões de bombardeio) e os casacos forrados com pele de carneiro, conhecidos na França pós-guerra como *canadiennes*.

O *duffle coat* não tardou a se tornar um produto cult nos tempos de paz. Começou como roupa de pescadores e foi assim chamado por causa de Duffel, uma cidade de pescadores da Bélgica, onde foi confeccionado pela primeira vez. Os marinheiros em tempos de guerra usavam os *duffle coats* no convés.

Houve um verdadeiro modismo de roupas cáqui, e os jovens puderam comprar também esse estilo pela primeira vez após a Segunda Guerra. O tecido chamado de chino é uma sarja de algodão, na cor cáqui, usada a princípio nos uniformes ingleses e franceses nos meados dos anos 1800. Hoje também é usado para roupas civis. As calças chino (*chino pants*), ou simplesmente chino, ganharam popularidade nos Estados Unidos em 1900 depois que os soldados voltaram das Filipinas, com o fim da Guerra Hispano-Americana (um conflito que aconteceu entre a Espanha e os Estados Unidos em agosto de 1898), e trouxeram de volta para casa suas calças militares de algodão. Essas calças no início eram confeccionadas na China, daí a tradução da palavra "chinês" para o espanhol (*chino*), batizando o tecido com o qual se fabricavam os trajes.

As primeiras chino vendidas nos Estados Unidos foram as calças militares usadas durante a Segunda Guerra Mundial para que fossem economizados os outros tecidos em consequência das restrições impostas pela guerra. Tais calças não tinham pregas e eram justas nas pernas, tudo para economizar, o que acabou editando um estilo que foi seguido pela moda. Hoje, nos Estados Unidos, chino significa calças cáqui e virou peça atemporal do guarda-roupa masculino. Nos anos 1980 ganhou status e foi difundida por marcas consideradas básicas, mas com diferencial de moda, como a Banana Republic e a Gap, apenas para citar as maiores. Ao lado dos jeans, as chino – no fim da década de 1940 e depois nos anos 1950 – eram o uniforme dos beatniks por serem roupas baratas, de segunda mão, compradas em brechós.

Os existencialistas

Em 1946 o Tabou Club, em Paris, era o ponto de encontro de intelectuais e pretensos escritores. Turistas iam lá ver os poetas existencialistas. Alguns deles usavam o clássico visual de camisa de malha com gola rulê preta e calças na mesma cor.

Como na época consideravam essas roupas sujas e medíocres, elas foram então bombardeadas pelos críticos e jornalistas que escreviam sobre moda. No entanto, isto era certo: eles encontraram um meio de perturbar a geração mais velha. Era mais um degrau do caminho para formatar o estilo de rua e a rebelião jovem que explodiria nos anos 1960 com a revolução sexual e dos costumes praticada pelos hippies. Também preparou o terreno para o movimento poderoso da cultura das ruas, nos anos 1970,

1980 e 1990, cuja estética influenciou a moda e o comportamento jovem do início do século XXI. A cultura urbana, assim como o grafite e o jeans, verdadeiros camaleões, adaptam-se a seus tempos.

Década de 1950: de 1950 a 1959

1952 – Os Estados Unidos testam uma bomba termonuclear.
1953 – A rainha Elizabeth II é coroada.
1953 – O monte Everest é escalado pela primeira vez.
1954 – Acontece a caça às bruxas de McCarthy, nos Estados Unidos.
1956 – Sucede crise no canal de Suez.
1956 – O modernista Flávio de Carvalho desfila de minissaia de náilon em São Paulo, propondo seu uso para homens, quatro anos antes de Mary Quant inventar o traje para mulheres, mais de duas décadas antes de Jean Paul Gaultier apostar no estilo para homens.
1957 – A Grã-Bretanha testa sua bomba termonuclear.
1958 – Explodem os conflitos raciais em Notting Hill, em Londres.
1958 – Cria-se a campanha para o desarmamento nuclear.
1959 – Fidel Castro estabelece o governo socialista em Cuba

A moda da década

A vitória dos aliados afirma em toda a Europa, depois da libertação, a predominância do estilo americano: silhueta de ombros largos, calças estreitas, gravatas com estampas chamativas, como ramagens e motivos florais, e camisas com golas de pontas compridas. No verão, sobressaem até mesmo aquelas camisas de cores espalhafatosas que, com muita audácia para aquele tempo, eram usadas para fora das calças. Com a generalização da calefação – aquecimento interno – os tecidos sintéticos entraram na moda por serem mais leves e mais baratos, uma vez que o mundo ainda não se recuperara dos danos causados pela guerra.

Os teddy-boys

Paralelamente ao estilo do vestuário clássico, influenciado pelo gênero esportivo, surgiu um personagem, o *bad boy* (ou menino rebelde), que vai marcar a moda masculina daqui em diante. Enquanto nas telas do cinema do mundo inteiro o trio jeans, camiseta e jaqueta de couro era divulgado por James Dean e Marlon Brando, na Inglaterra surgem os *teddy-boys*. Estes, na realidade, expressavam um "tiro que havia saído pela culatra", pois suas roupas tinham sido criadas para os bons meninos das famílias tradicionais e acabaram sendo adotadas, com muita rebeldia, pelos barulhentos e incômodos filhos da classe média.

A cultura jovem da nova tribo urbana, ou da subcultura, dos *teddy-boy*s surgiu na Grã-Bretanha, começando em Londres no início dos anos 1950 e depois se espalhando por todo o país. Logo foi associada ao rock and roll que acabara de nascer na América como a música que embalava os jovens daqueles tempos. Como vimos com os zooties e zazous, os movimentos da juventude passam a ter sua trilha sonora. A moda jovem, transgressora, e a música, idem, passam a andar de mãos dadas.

400 ANOS DE MODA MASCULINA

Figura 4.6 - Um traje típico dos anos 1950.

Na verdade, a viagem com o estilo dos *teddy-boys* começou pouco depois do término da Segunda Guerra Mundial, quando alguns alfaiates da famosa rua Saville Row tentaram trazer de volta a elegância da era eduardiana (1901-1910), época em que a Inglaterra foi governada pelo rei Eduardo VII. Uma vez que o monarca adorava moda, muitos modismos são associados a ele, como vimos no século XIX. O que os alfaiates da Saville Row queriam, na verdade, era resgatar um estilo nobre, mas acabaram editando outro, rebelde e plebeu. O nome inicial foi de neoeduardianos, mas não pegou; virou, então, o apelido de Eduardo VII (filho da rainha Vitória): Teddy – daí *teddy-boys*, ou "meninos do rei", que, na realidade, incomodava a nobreza e as autoridades tanto quanto seus antecessores, os zooties e zazous.

O look *teddy-boy* consistia em um longo paletó (*drape jacket*) pinçado da era eduardiana, no século XIX, na maioria das ocasiões em cores escuras, às vezes com gola de veludo, vestido com calças superjustas (*skinny*) e sapatos de amarrar no estilo inglês – brogues ou botas. Usavam ainda camisas brancas, como as do músico de jazz Billy Eckstine, gravata e um colete de brocado.

No fim da década, a influência americana ficou mais visível nas costeletas (ou *sideburns*, herança do século XIX) e nas gravatas fininhas. Aí adotaram os sapatos chamados de *creepers*, de sola muito alta, em camurça estampada, até mesmo de onça, ou *animal print*. Destaque especial para os penteados, os mesmos dos roqueiros americanos, com um topetão moldado à base de muita gomalina ou brilhantina que dava um trabalho enorme para ser devidamente modelado. O estilo do cabelo foi inspirado nos zooties e zazous. O visual proposto pela Saville Row não emplacou na elite inglesa porque esta não queria ser associada à moda que vinha das ruas.

O estilo dos *teddy-boys* estava ligado às violentas vizinhanças onde morava a classe média trabalhadora de Londres. Segundo as manchetes nos jornais alardeavam, as gangues do sul e do leste da cidade, que vestiam o uniforme típico da tribo, estavam sempre metidas em brigas, pancadarias e vandalismo. O gênero foi associado de imediato a uma juventude barulhenta, e todo homem envolvido em alguma complicação com a lei passou a ser chamado de *ted*. Havia também as *teddy-girls*, com um código de vestir próprio.

Os anos 1950 estão associados à rebelião de adolescentes. Nessa época, dois estilos dominaram as manchetes voltadas à nova geração: o dos *teddy-boys* de Londres/Inglaterra e o dos roqueiros (rockers) e dos rockabillies nos Estados Unidos. Esses visuais, somados ao dos zooties da década anterior, deram o pontapé inicial na nova onda da moda: o estilo de rua, formatando o que mais tarde, dos anos 1980 em diante, seria batizado de streetwear, uma tendência de moda que passa a influenciar o *mainstream*.

Nos Estados Unidos, Marlon Brando no filme *O selvagem* (*The wild one*, 1953) e James Dean em *Juventude transviada* (*Rebel without a cause*, 1955) usavam jeans, camiseta branca e botas de motociclistas, evitando o mundo conservador do terno. O visual de Marlon Brando nesse filme fez os jovens rebeldes passarem a usar a jaqueta de couro da marca Perfecto, ou no estilo, típica dos motoqueiros com suas possantes motos Harley-Davidson.

A nova alfaiataria

O novo corte da alfaiataria dos anos 1950 era uma versão light, digamos, do tão amaldiçoado *zoot suit*. Os paletós permaneceram com os ombros alargados por ombreiras, mais longos, com calças de cintura alta, porém nada tão extremo quanto os dos zooties. O abotoamento duplo (ou jaquetão) voltou e as lapelas ficaram mais estreitas.

Na Inglaterra, surgiram alfaiates como Burton's, Jacksons e 50-shilling, que forneciam ternos prontos e adaptados para quem não podia pagar por um modelo *bespoke* (sob medida). E o que é *bespoke*, palavra técnica de alfaiataria?

Como comentamos, a Saville Row é uma rua que fica no bairro de Westminster, bem no miolo de Londres, e é o centro exclusivo da alfaiataria *bespoke*, a mais perfeita do mundo. Em bom português, poderia ser chamada de "sob medida", mas vai mais longe no tópico exclusividade, pois as roupas feitas com essa técnica são moldadas no corpo do cliente, evitando, assim, qualquer possibilidade de dobras ou rugas indesejáveis, que podem colocar por terra o trabalho de um bom alfaiate e o dinheiro investido pelo cliente. A origem da palavra vem de *bespeak*, que significa encomendar com antecedência. E, para o clima final, o alfaiate tem de ter seu ateliê em Saville Row, rua que existe desde 1695.

Camisa de turista

As camisas havaianas foram primeiramente vistas nas praias da Califórnia e da Flórida no fim dos anos 1940, mas o grande responsável por fazer o estilo correr o mundo e se tornar a cara do turista foi o presidente norte-americano Harry Truman, documentado vestindo uma. Até o pintor Pablo Picasso entrou na dança e usou uma camisa desse tipo na Riviera Francesa daqueles tempos.

Tecidos tecnológicos

Tecidos ditos ventilados ganharam projeção nos calorentos verões dos anos 1950. Em termos técnicos, seu ponto mais aberto e sua composição de mistura de fibras tinham o duplo propósito de ventilação e isolamento do calor. Não amarrotavam graças aos materiais sintéticos que nasceram naquela década. A indústria de moda vai se sofisticando. Tecidos com base petroquímica como o náilon, o dralon® e o terilene eram caracterizados como leves, fáceis de cuidar, de lavar e de secar; merece destaque a manutenção da forma, pois não amassavam. Foi tão grande o impacto desses novos materiais que eles se tornaram produtos obrigatórios no guarda-roupa do homem sofisticado.

Capítulo IV - Século XX

Made in Italy – *o estilo italiano*

Os italianos em suas motocicletas do tipo vespa começaram a chamar a atenção para a alfaiataria e a elegância de seu vestir. A indústria das roupas *Made in Italy* começou a oferecer opção à Saville Row. O estilo foi adotado por sedutores playboys e homens elegantes de ambos os lados do Atlântico. O livro *Fashion Italian style* (2003), de Valerie Steele, traça um panorama amplo sobre o assunto.

Os italianos entraram de cabeça no cenário da moda internacional. Seus produtos tinham como característica a qualidade aliada ao estilo e, ainda por cima, sensibilizaram o público masculino em razão da tradição: sua experiência e habilidade na alfaiataria eram passadas de pai para filho, em negócios de família – uma de suas marcas registradas. Como explicação desse fenômeno de expansão, a Itália, além de ter a seu lado o fator mão de obra barata, também se beneficiou do fato de não ter entrado no rol dos países que sofreram racionamento durante a guerra.

A moda italiana estava na infância nesse tempo, mas contava com boas estratégias de marketing. Assim, fabricantes e confeccionistas se juntaram e começaram a organizar feiras de negócios – estratégia que os mantém fortes até hoje. Nos dias de hoje, duas vezes por ano é a Pitti Uomo, em Florença – feira que vem daquele tempo –, que dá o pontapé inicial das tendências e dos negócios da primavera/verão e do outono/inverno do segmento masculino.

A Itália pouco a pouco emergiu das cinzas da guerra; aquele país que ficara associado aos uniformes escuros dos fascistas tornou-se o inventor do charmoso e chique look mod. O abotoamento simples dos paletós italianos, mais curtos, era funcional para a locomoção de seus usuários em lambretas ou vespas. A bainha do terno não atrapalhava os movimentos. As calças eram justas, e a camisa branca, impecável, era arrematada pela gravata fininha em tons escuros. Esse foi o primeiro grito da moda masculina italiana, que em muito influenciou os estilistas de todo o mundo no fim do século XX – o século que foi passado a limpo inúmeras vezes.

Mods ingleses: o começo

A tribo dos mods ingleses surgiu por volta de 1958 em Londres, sendo os primeiros integrantes jovens da classe média cujas famílias tinham alguma relação com os negócios de moda ou alguma ligação com a indústria do vestuário. Eles continuam na moda na década seguinte, como veremos. Esses jovens tinham verdadeira obsessão pelo estilo da nova alfaiataria italiana de ternos bem cortados em silhueta seca (justa, limpa de detalhes e mais curta), que era o auge, com o abotoamento simples. Eram também ardorosos fãs do jazz moderno, do rhythm and blues. Sua movimentada noite era movida por anfetaminas, as novas drogas. Alguns historiadores consideram tanto os mods quanto seus arquirrivais roqueiros, os rockers, uma ramificação dos *teddy-boys*.

Originalmente, o termo mod era usado para descrever os fãs do jazz moderno – modern jazz – daí mod. Seu estilo de vida, no entanto, desdobra-se em outros modismos, como as roupas, as lambretas e as vespas, além do gosto pela pop art, por filmes e pela filosofia existencialista. O livro *Absolute be-*

ginners, de Colin MacInnes (escrito e encenado em 1958, publicado pela primeira vez em 1959), traça um panorama da juventude londrina e da cultura urbana que desemboca na década de 1960. Os mods se reuniam em night clubs para dançar e exibir suas roupas, vespas e lambretas. A escolha do veículo, usado também pelos italianos, devia-se apenas à escassez dos transportes públicos – ônibus e metrô –, que paravam de circular cedo. Em termos de locomoção, as lambretas eram mais baratas e mais práticas que os carros, na medida em que eles saíam todas as noites para os embalos. Depois que surgiu uma lei exigindo espelhos retrovisores em todos os veículos da família das motocicletas, os mods, para azucrinar as autoridades, colocavam de quatro a dez espelhos, ou até mais, enfeitando suas vespas. Esse visual está bem ilustrado na capa do álbum Quadrophenia (The Who, 1973), que apresenta o personagem Jimmy em sua lambreta, olhando nos quatro espelhos retrovisores.

Os mods engrossavam as fileiras dos movimentos jovens embalados pela música e pela moda. Na Inglaterra, a tribo dos roqueiros (rockers) e a dos mods sempre se estranhavam, acontecendo, às vezes, verdadeiras batalhas que davam trabalho às autoridades. A modelo Twiggy era considerada a rainha dos mods.

A geração Beat & beatniks

Para os amantes das tribos urbanas, os beatniks geralmente descritos pela mídia – sobretudo a mídia de moda e até mesmo a do cinema, em filmes água com açúcar – não passam de clichês que abordam aspectos superficiais da *beat generation*, um movimento literário que aconteceu nos anos 1950. Consideram essa imagem a deturpação de uma filosofia de vida de artistas como Jack Kerouac e sua narrativa autobiográfica, no livro *On the road*, tido como a bíblia da geração beat. A implicância está no fato de a moda ter-se apropriado de um visual, deixando de lado toda a filosofia que estava por trás do movimento. Os livros: *On the road*, de Jack Kerouac, 1922/1969, em 1957; *Howl*, de Allen Ginsberg, 1926/1997, em 1956; e *Naked lunch*, de William S. Burroughs, 1914/1997, em 1959, são considerados os mais importantes da literatura da geração beat.

Jack Kerouac usou a expressão **beat generation** por volta de 1948 para descrever seus amigos e o meio underground e anticonformista dos jovens americanos, sobretudo em Nova York. A tribo beatnik esteve na pauta do dia desde o fim dos anos 1950 até o começo da década de 1960. A palavra beatnik foi cunhada em 1958 por Herb Caen, jornalista ganhador do Prêmio Pulitzer que escrevia suas crônicas para o *San Francisco Chronicler*, em São Francisco. Ele juntou à palavra beat o sufixo russo "nik", tirado da palavra Sputnik, o primeiro satélite artificial russo.

Os beatniks surgiram, então, no cenário do pós-Segunda Guerra, quando os Estados Unidos despontavam como grande potência bélico-econômica mundial e construíam o que entraria para a história como o "sonho americano" (*American dream*).

A geração beat era formada por jovens intelectuais americanos que, em meados dos anos 1950, cansados da monotonia da vida ordenada e da idolatria à vida burguesa e suburbana na América do pós-guerra, resolveram fazer a própria revolução cultural por meio da literatura sempre regados a jazz, drogas, sexo livre e pé na estrada.

Os beatniks foram os primeiros a mostrar um caminho do vestir informal para os homens urbanos ao adotarem a sobra de uniformes do exército que era vendida a um preço baixo e passarem a usar calças chino, como já vimos, com paletós de tweed e camisas polo ou camisetas. Usavam muito jeans. O visual com gravata ainda não era considerado de todo careta pelos jovens, uma vez que William Burroughs, um guru da tribo, usava até colete. O psicólogo Timothy Leary fez parte do grupo e foi precursor nas experiências com o LSD e as viagens à Índia e a outros países exóticos, dando, assim, uma dica para as experiências com drogas de expansão da mente e espirituais, nas quais, mais tarde, os hippies, os Beatles e os Rolling Stones embarcaram, gerando um modismo global.

O movimento beatnik aconteceu em um contexto até certo ponto curto no tempo, encerrando-se no fim dos anos 1950. Dele, no entanto, nasceria o famoso movimento de contracultura, que ecoou mundialmente por meio da figura dos hippies. Os beats do final de 1950 foram substituídos, ou sucedidos, pelos hippies a partir de meados da década de 1960. A contracultura nasce da geração beat ou dentro dela.

Rockabillies

Rockabilly é um dos primeiros estilos do rock and roll que surgiu nos anos 1950. A palavra vem de rock mais *hillbilly*, em uma referência ao estilo de country music (também chamada de *hillbilly music* dos anos 1940-1950), que contribuiu bastante para o nascimento do rock. A popularidade do estilo diminuiu muito na década seguinte, mas nos anos 1970 e início dos 1980 aconteceu um verdadeiro revival do rockabilly, que dura até hoje, como a tribo.

Os homens tinham no visual uma influência dos *teddy-boys* tanto na Inglaterra quanto nos Estados Unidos. O topete enorme e bem modelado tinha o apelido de *pompadour*, em uma referência clara à Madame de Pompadour, que, como vimos, no século XVIII tinha de andar de joelhos na carruagem por causa da altura de seu penteado. Usavam brilhantina, gomalina ou as pomadas no cabelo e caprichavam nas costeletas. Vestiam jeans superjustos ou calças pretas. Os sapatos eram os *brothel creepers*, ou simplesmente *creepers*, e as gravatas, fininhas. Os rockabillies tinham um gosto particular ao misturar cores como preto com rosa e adicionar estampas de onça. Alguns adeptos americanos adotaram as camisas havaianas e outras camisas que eram usadas nos jogos de boliche, como também as jaquetas de motoqueiros.

Rockers

O comportamento em geral agressivo e desafiador dos rockers teve grande influência na imagem rebelde, formatada pela moda ao retratá-los com suas motos, jeans, camisetas brancas, jaquetas de couro e botas de motoqueiro, de preferência as Harley-Davidson, grife também de suas possantes motocicletas.

Um visual emblemático dos rockers pode ser ilustrado pelo figurino dos personagens de dois filmes com Marlon Brando: o de Stanley Kowalski em *Um bonde chamado desejo*, de 1947 (entre o beat e o rocker), e o de Johnny Strablers em *O selvagem* (1953). Em ambos, Brando aparece de jeans e camiseta branca; no segundo, eterniza a marca registrada de uma era. Outro visual que reporta a essa tribo é o de James Dean no filme *Juventude transviada*, de 1955.

Os surfistas

A cultura do surfe tem registros que datam do século XVIII, documentados nos diários do capitão inglês James Cook, que era um explorador e cartógrafo. Naquele tempo, o surfe era praticado como parte integral da cultura dos nativos havaianos havia muitas gerações, com aspectos religiosos e sociais. Os chefes demonstravam suas habilidades, confirmando sua autoridade surfando, ou seja, pegando ondas. Hoje, o esporte é praticado em todo o mundo, consistindo em uma indústria milionária. A cultura do surfe tem um forte viés na moda, o surfwear, que influencia também o segmento da moda de rua, o streetwear.

O crescimento do surfwear começa entre os anos 1950 e 1960 na Califórnia, nos Estados Unidos, e continua crescendo como subcultura tendo particularidades que incluem desde a indumentária, passando pela culinária natural, filmes no cinema e televisão, literatura e chegando ao tipo de som, editando uma espécie de trilha sonora ou playlist do estilo de vida dos surfistas.

O surfwear é intimamente ligado ao estilo de vida de seus seguidores, praticantes do esporte ou não. Compõe-se de roupas casuais, práticas e esportivas que têm como carros-chefe os *boardshorts* – as bermudas de surfista, camisetas e moletons com capuz. Algumas marcas como a americana Stüssy transcenderam o nicho esportivo e viraram o que podemos chamar de casualwear (estilo casual), mas sem perder a *vibe* inicial, ou seja, a raiz do esporte. No livro *Contemporary menswear* (2014), a marca Stüssy é considerada de luxo.

O boom de sandálias de dedo (*flip-flops*) tomou conta do planeta. Seu uso foi difundido pelos surfistas no melhor estilo cross *culture* (intercultura). Conhecidos por andar descalços e sempre na beira-mar, eles adotaram as sandálias de dedo. Andarilhos em busca de ondas perfeitas, correram mundo em uma relação interativa com outros povos, culturas e credos. Foram trocando de hábitos, trocando de roupas.

Outra tribo, ou subcultura que difundiu o estilo ocidental no Oriente, foi a dos hippies, também na onda cross *culture*, a princípio, trocando jaquetas jeans por batas e túnicas indianas, por exemplo.

Década de 1960: de 1960 a 1969

1961 – É erguido o Muro de Berlim.
1961 – O russo Yuri Gagarin é o primeiro homem no espaço.
1962 – O fármaco chamado talidomida provoca o nascimento de crianças com defeitos congênitos.
1963 – Acontece, na Grã-Bretanha, o assalto ao trem pagador e 1 milhão de libras são roubadas.
1963 – O presidente americano John F. Kennedy é assassinado.
1965 – Astronautas russos e americanos caminham no espaço.
1966 – Nos Estados Unidos, surge o movimento racial dos Panteras Negras.
1967 – O guerrilheiro Che Guevara é morto na Bolívia.
1968 – Martin Luther King Jr. é assassinado. Acontece a revolução estudantil de maio de 1968 n França. No Brasil as manifestações da juventude também provocaram uma série de mudanças culturais no seio da sociedade.
1968 – Morre assassinado, no dia 6 de junho, Robert F. Kennedy.
1969 – Astronautas americanos pousam e andam na Lua.
1969 – O primeiro óvulo humano é fertilizado artificialmente.
1969 – Dá-se o voo inaugural do avião supersônico francês, o Concorde.

A moda da década

O segmento masculino, que está em franco desenvolvimento nessa década, edita uma moda clássica, mas rejuvenescida, com nítidas influências italianas. Roma começa a dar as cartas, e as roupas prontas do prêt-à-porter (prontas para serem usadas) tornam-se uma ameaça para os alfaiates dos bairros, ou seja, aqueles que toda a família conhecia e nos quais era tradição os homens fazerem seus ternos. Em Paris, a tribo dos mods é batizada de *minets* (moço charmoso) e usa ternos ajustados com botinhas. Mesmo com as propostas modernas de Pierre Cardin e André Courrèges, o terno de três peças não é desbancado. Como vimos acompanhando, o traje – paletó, colete e calça no mesmo tecido, padrão e cor – levou mais de três séculos para chegar ao formato moderno. A resistência às mudanças é natural, mas a década promete novas silhuetas e propostas de status por intermédio da roupa.

Os novos materiais desenvolvidos pela crescente indústria químico-têxtil, com maior leveza e simplificação dos detalhes das roupas, conduziram a um novo tipo de postura. Cada vez mais próximos do corpo, os trajes levaram o homem a começar a pensar no físico e a controlar o peso. Usavam calças de cintura mais baixa e cabelos compridos batendo nas golas, também compridas e pontudas, das camisas com pences. A gola rulê, preferida dos existencialistas dos anos 1940, não tinha conseguido desbancar a gravata. Muitos intelectuais começaram a adotar a *pea jacket*, japona de lã usada pelos marinheiros.

Surgiram também as opções de ternos com a gola Mao, em uma referência aos ternos chineses usados por Mao Tsé-Tung (1893-1976), presidente do Partido Comunista Chinês. Em paralelo a essas tentativas de alterar a silhueta dos ternos executivos, que se manteria até o fim do século, os jeans começam a tomar conta da cena jovem, vindo com força dos movimentos da moda e da música da década anterior. Ainda que timidamente, o homem dos grandes centros urbanos internacionais começa a admitir que ser vaidoso e se interessar por moda em nada afeta sua virilidade.

Os mods continuam em cena

O estilo modernista da moda masculina, também conhecido como mod, para muitos está associado aos anos 1960, mas, como já vimos, a tribo começou a dar o ar de sua graça no fim dos anos 1950, assim como os ingleses interpretaram um modismo Made in Italy. Eles adotaram um visual de roupas limpas e chiques, inspirado naquelas de atores como o italiano Marcello Mastroianni e o francês Jean-Paul Belmondo, além do músico americano Miles Davis.

Cada vez mais, o uniforme dos mods era o terno bem-feito com corte e caimento impecáveis, lapelas estreitas e calças justas, usado com sapatos de bico fino. O corte de cabelo era curto, mantido com laquê, agora com a cabeleira domada e livre da gordura das gomalinas e pomadas dos rockers e rockabillies. O corte de cabelo dos mods era conhecido como Perry Como e mais tarde como corte francês. Vale lembrar

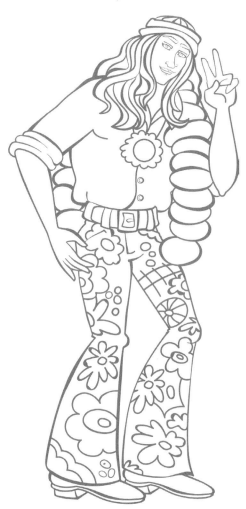

Figura 4.7 - Um traje típico dos anos 1960.

que naquela época os Beatles, que já faziam muito sucesso, lançaram o *The Beatles Hairspray*, um laquê em latinhas. Como o produto era considerado ideal para o penteado, marca registrada do grupo, as vendas explodiram.

Quem mudou o visual roqueiro dos Beatles foi seu empresário, Brian Epstein, que trocou as jaquetas de couro e jeans pelos terninhos no melhor estilo mod, emplacando, então, um look que iria influenciar o mundo inteiro. O terno curto e justo – detalhe importante: sem lapela – foi copiado de um modelo da Pierre Cardin pelo alfaiate Dougie Millings. Era complementado por botinhas de bico fino, que se tornaram um must da época.

Os produtos licenciados de Pierre Cardin asseguraram a sua fama mundial como estilista do prêt-à-porter. Em 1961 o fabricante de roupas Bril lançou a primeira linha completa de roupas prêt-à-porter assinadas pelo estilista francês e, na metade da década, a licença de fabricação não era somente para produtos masculinos e femininos, mas também para acessórios, perfumes e mobiliário. Ele foi o primeiro estilista a usar seu nome em campanhas agressivas de marketing, começando desse modo a era das marcas de estilistas, ou produtos de grife. As decisões astutas de Cardin em seus negócios eram tão influentes que alguns estilistas ou marcas já estabelecidas, como Lanvin, Dior, Givenchy, Guy Laroche, Féraud e Balmain, seguiram seus passos.

Os meninos andróginos da Carnaby Street

Manchete no jornal inglês *Sunday Times* em 20 de setembro de 1964: "Is that a boy, or is it a girl?" (É menino ou menina?), referindo-se à foto de um rapaz clicada na Carnaby Street, em Londres.

A tribo dos mods a princípio não tinha um point, ou lugar, no qual pudesse se exibir ou trocar ideias sobre seus modelos e estilos de roupas; de 1962 a 1965 a Carnaby Street, além de ser o endereço de seus night clubs, virou seu ponto de encontro. Durante o horário de almoço rapazes que trabalhavam em escritórios, e também os office boys, corriam para a pequena rua no Soho. Aos sábados, no entanto, um verdadeiro batalhão de mods chegava de todos os bairros, de lambreta ou de metrô, e passava horas olhando, mentalizando modelos de roupas. Os mais espertos, e muitas vezes os mais duros, não compravam nada na Carnaby Street, mas encomendavam em outros alfaiates mais baratos verdadeiras réplicas do que tinham visto nas vitrines. Por volta de 1966 a rua se tornara uma instituição nacional inglesa, e pode ser representada por um visual emblemático daqueles tempos: o paletó de terno (blazer) inspirado na Union Jack, apelido da bandeira inglesa. O look tornou-se popular depois de ter sido usado por Peter Townshend, guitarrista do grupo The Who. Nesse tempo, a moda *mainstream* já começa a se interessar de verdade pela moda que era usada nas ruas de Londres.

Assim como a Saville Row era o templo da elegância clássica, a Carnaby Street ditava a atitude da nova moda masculina, hedonista, chamada pelos ingleses da época de Peacock Revolution – ou a revolução do pavão. Já falamos dele no século XVII, com a subida de Luís XIV ao trono francês. Segundo o livro *A history of men's fashion*, de Farid Chenoune, a contribuição mais importante da Carnaby Street ao desenvolvimento da moda masculina foi ser o berço do homem colorido e mais ligado à moda, divulgando seu estilo ao mundo. O livro *The day of peacock: style for men 1963/1973*, de Geoffrey Aquilina Ross

(2011), oferece um panorama do assunto. A grande quantidade de lojas masculinas abertas em Londres no período de 1962 a 1965 nunca antes tivera lugar na história da moda masculina na Grã-Bretanha.

Por volta de 1963 os principiantes no estilo mod caíram de amores pelas camisas e pelos paletós audaciosamente coloridos, em cores chamativas, de lojas como a Vince. Perceberam que o novo estilo excêntrico estava ligado a um público gay e, também, que a moda colorida e chamativa de Londres estava sendo encarada com preconceito. Em 1965 um guia da capital inglesa, publicado pelos franceses, cita a nova loja Jaeger como uma exceção à regra de que a moda do momento, em bom português, seria roupa de gay. No guia era informado, de maneira homofóbica, que as roupas, clientela e equipe de vendedores não eram homossexuais, como acontecia em todas as outras lojas voltadas ao público jovem em busca de estilo.

Na realidade, a polêmica trouxe à tona os novos códigos de beleza forjados por adolescentes que abandonavam os clichês de masculinidade e adotavam as roupas ditas afeminadas, não apenas nas cores, como também nos tecidos e silhuetas, além dos cabelos longos, que estavam na moda. O assunto era pauta dos principais jornais e causava frisson. "Uma coisa tem de ficar clara. O fato de os jovens se interessarem pela moda, querendo aprender como combinar itens, não os vincula à cena gay, já que seu outro passatempo é namorar meninas", trazia a matéria publicada no *Sunday Times Magazine* em 1964.

Nos anos 1960 o que chocava as pessoas, contudo, mais que a imagem ambígua ou andrógina dos meninos, era a tranquilidade como eles encaravam a onda. Nesse quesito, os Rolling Stones ultrapassaram os Beatles, cujo visual estava longe de ser desalinhado ou ambíguo. Enquanto isso, Jagger usava uma calça especialmente transgressora, com cintura baixa, levando os adolescentes à loucura e fazendo com que muitas escolas mandassem os meninos de volta para casa por causa da tal "calça andrógina".

Hippies

Londres e Paris não eram as únicas cidades que faziam acontecer, que chamavam a atenção como polos lançadores de moda na década de 1960. O distrito de Haight-Ashbury, em São Francisco, na Califórnia, era o foco do movimento hippie que se espalhou pelo mundo, chegando até mesmo ao Brasil na época. As imagens de caftãs, casacos orientais, túnicas indianas, lenços na cabeça, colares e bordados representavam, além de estilo, uma demonstração de protesto contra a guerra do Vietnã, que foi reforçada com a batalha pelos direitos civis, liderada por Martin Luther King. Surgiu, assim, o que foi batizado pela imprensa de estilo antimoda.

A geração Paz e Amor, ou Flower Power, olhava para o Oriente em busca de inspirações estruturais e rumo espiritual. Eles ouviam bandas de cabeludos que vestiam jeans desbotados e usavam drogas para expandir a mente, como o LSD. Depois de terem gravado *Lucy in the Sky with Diamonds*, que fazia referência ao ácido lisérgico, os Beatles entraram em uma viagem espiritual, rumaram para a Índia à procura de uma nova luz e se encontraram com o líder espiritual Maharishi. Eles voltaram irreconhecíveis, cabeludos e barbados, bem diferentes daquele visual de corte de cabelo limpo, com os terninhos sem lapela, um estilo que os definiu no início da década.

Por volta de 1965 a Swinging London – a Londres descontraída, como passou a ser chamada na época – estava sob a influência das drogas alucinógenas e da visão utópica da filosofia hippie. Londres virou a meca para jovens de todo o planeta à procura de novas experiências e da última moda masculina.

As roupas dos hippies, consideradas antimoda pela moda *mainstream* da época, eram compostas de um patchwork de acessórios chamativos, com nítida influência étnica ou folclórica, customizados de acordo com a personalidade de quem usava. Eram um meio de expressão pessoal. Isso também fazia parte de um manifesto contra a sociedade industrial, pois eram pinçadas de brechós ou compradas em viagens a lugares exóticos e sagrados. Surgiram, então, os mercadores de roupas hippies que viajavam ao Oriente e traziam as peças que começaram a vestir o homem ocidental: túnicas, batas e caftãs, mais coletes bordados e calças amplas no melhor estilo das calças de pijamas de origem indiana, bandanas (lenços de origem indiana), sandálias e anéis em profusão.

A rota quente dos mochileiros e compradores de roupas – ou muambeiros descolados – incluía escalas em Katmandu, no Nepal; Goa, na Índia; Djerba, na Tunísia; ou Essaouira, no Marrocos. Detalhe importante: muitos homens começaram a usar o kohl, uma espécie de delineador, nos olhos e henna nos cabelos, editando um homem pintado, mas acima de tudo descontraído e bacana.

Os hippies detestavam tecidos sintéticos, roupas novas saídas dos cabides das lojas, camisas com tecidos que não encolhem e ternos caretas, que consideravam roupas sem alma, sem personalidade, ou roupas que estavam à disposição de todos graças aos avanços e disponibilidade no mercado, da poderosa indústria do prêt-à-porter. Embora as classes menos privilegiadas tivessem prazer em ostentar as roupas novas que, com dificuldades, tinham conseguido comprar, os hippies da classe média viam o fato como um símbolo da hipocrisia opressiva do sistema. De acordo com o livro *A history of men's fashion*, a Carnaby Street, em Londres, perdeu sua proeminência por volta de 1966, quando o movimento mod acabou.

O mercado e o comércio hippie

O mercado varejista inglês, então, voltou seu foco para o modismo que se via em todos os cantos do planeta, em novas butiques cheirando a patchouli e incenso que vendiam trajes étnicos, calças de veludo molhado, coletes de brocado, camisas de cetim ou seda indiana, boleros e longas echarpes nas cores rosa, azul, lilás ou verde. Na badalada Portobello Road, uma butique chamada I Was Lord Kitchener's Valet vendia uniformes inspirados naqueles das eras vitoriana ou eduardiana, enfim, uns trapos de luxo que atingiram a apoteose como elemento de moda quando os Beatles os usaram na capa do seu memorável disco Sgt. Pepper's Lonely Hearts Club Band em 1967.

O estilo dos hippies tornou-se uma espécie de corrente de moda desde o fim do século XX, quando os estilistas, já desgastados por terem sido passadas a limpo todas as silhuetas, começaram a redesenhar movimentos como o que começou em São Francisco. Surgiram, assim, os hippies de butique, os neo-hippies e os hippies chiques. Seu estilo de vida à procura de um mundo melhor fez escola; agora, no início do século XXI e em tempos de aquecimento global, suas máximas por um planeta livre de poluentes viraram necessidade global. O pavor que os hippies tinham de tecidos sintéticos fez com que adotassem tecidos naturais, parentes dos orgânicos de hoje. Seus hábitos de comida natural transformaram-se em uma linha própria de gastronomia e houve um boom de restaurantes macrobióticos ou naturais e hoje tudo é "orgânico", até atitudes e eventos são denominados como tal. Suas propostas de paz e amor viraram catecismo, e seu comportamento de sexo livre influenciou todas as outras gerações.

Em agosto de 1969 o festival de música Woodstock que aconteceu em Bethel, no estado de Nova York, é o melhor exemplo do movimento de contracultura hippie. Mais de 500 mil pessoas foram assistir a espetáculos de rock com os melhores músicos, pop stars e bandas da época. Destaque para Richie Havens, Joan Baez, Janis Joplin, The Grateful Dead, Creedence Clearwater Revival, Crosby, Stills, Nash & Young, Carlos Santana, The Who, Jefferson Airplane e Jimi Hendrix. Desse modo, os ideais hippies de amor e solidariedade ganharam o mundo.

Com relação aos hábitos e regras masculinas do bem-vestir, no entanto, os hippies causaram um hiato nos conhecimentos que eram passados de pai para filho, como os nós de gravatas, o uso de ternos clássicos e até mesmo chapéus, no modelo Trilby, por exemplo. Hoje, na contramão do estilo paz e amor, muitos filhos de pais que foram hippies estão em busca de manuais que lhes ensinem as regras do bem-vestir, consideradas caretas pelos pais doidões. O mercado editorial já percebeu a demanda e quase todo dia um guia de estilo chega às livrarias ou às bancas de jornal.

Alguns estudiosos afirmam que os hippies foram os grandes incentivadores de um movimento de cruzamento de culturas, credos e etnias que explode no fim dos anos 1990 como realidade da Aldeia Global, prevista pelo gênio da comunicação Marshall McLuhan (1911-1980), canadense, educador e professor de literatura inglesa, escritor e analista de comunicação de massas. Hoje, vivemos em um mundo globalizado e a informação é em tempo real. A eleição e a posse do novo Papa Francisco foram transmitidas ao vivo, do mesmo jeito que as grandes marcas de moda masculina e feminina transmitem seus desfiles masculinos em tempo real.

Em suas viagens ao Oriente os hippies interagiam com outras culturas. Uma boa imagem é a da troca de uma jaqueta jeans por uma bata indiana. O mesmo movimento *cross culture* se deu com outra tribo de viajantes, os surfistas, como já vimos nos anos 1950.

Moda masculina e novos conceitos: os primeiros desfiles em 1960

Nos anos 1960 a influência de jovens de 15 a 20 anos abriu as comportas da moda masculina a novos conceitos. A transformação foi significativa e aconteceu primeiro com a mudança do papel do alfaiate na confecção das roupas masculinas. Em 1955, na França, ainda existiam cerca de 10 mil alfaiates em plena função. Por volta de 1967 apenas 2 mil permaneciam ativos, e o número continuava encolhendo.

Assim, ia sendo esquecida uma antiga tradição da alfaiataria que, como vimos, remonta ao período entre os séculos XII e XIV, como também o hábito de o homem ir a seu alfaiate pessoal, escolher tecidos, conversar, interagir na confecção de seus ternos. Esse relacionamento antigo e caloroso entre alfaiate e cliente estava sendo trocado pela relação fria entre vendedor e cliente nas lojas que comercializavam as roupas no esquema de produção em massa do prêt-à-porter. A indústria do vestuário foi se apropriando da antiga moda masculina, pouco a pouco, para estabelecer por volta dos anos 1980 um sistema de produção, distribuição e consumo similar à indústria do prêt-à-porter feminino.

Isso significa que, a partir de então, a moda masculina começou a ser produzida por grifes ou ter as assinaturas de estilistas, exatamente como ocorria com a moda feminina, com coleções de inverno e verão a cada ano, usando os desfiles como meio de apresentação das criações. Os anos 1960 representam o primeiro estágio nessa evolução, quando a imprensa passou a cobrir os lançamentos masculinos, mudando a maneira de ver a moda dos homens.

À procura do novo terno executivo

O nome de Pierre Cardin está associado a duas revoluções na moda masculina: o rejuvenescimento estético dos ternos produzidos prontos e sua afirmação de status com o que hoje podemos chamar de roupa de grife. Contudo, uma terceira mudança ocorreu na década de 1960: a silhueta dos ternos virou o foco de dois estilistas: Gilbert Féruch e Michel Schreiber.

Em consequência de seus exercícios tentando repensar o terno, o *L'Express* os chamou de "Courrèges da moda masculina". Um modelo badalado foi o do paletó estampado com colarinho Nehru, ou gola Mao, que na realidade nunca chegou às tradicionais empresas, cujos executivos continuaram usando os ternos convencionais. Em 1956 o estilista francês Jacques Esterel criou um terno com saia que foi chamado de *skirt suit*, composto de um paletó de três botões com uma bermuda-saia na mesma cor e padrão xadrez. Era para ser usado com meias 3/4 e sapato de boneca em verniz. Yves Saint Laurent criou ternos safári, seguindo a onda das propostas femininas da *saharienne*.

A tribo dos skinheads

Na contramão da corrente de hippies, andróginos e mods, foi nessa década que surgiu uma tribo radical, os skinheads, uma subcultura que teve origem nos jovens da classe operária da Inglaterra e, dali, espalhou-se para o mundo e atravessou décadas.

O nome se refere a seu corte de cabelo, totalmente raspado ou muito curto, inspirado nas gangues delinquentes jamaicanas, os *rude boys*. Nas roupas, eles eram influenciados também pelos mods ingleses. No início, os skinheads não se envolviam em assuntos políticos ou raciais, mas, depois de algum tempo, ainda na década de 1960, algumas facções se engajaram em tais assuntos de maneira radical, atuando na extrema direita ou na extrema esquerda. Outros permaneceram apolíticos. Seu código de vestir também variava ao extremo, fosse do visual clean dos mods, fosse dos mais agressivos punks hardcore, mais adiante, na década seguinte.

Não era apenas o corte de cabelo que sinalizava a tribo skinhead. Muitas facções eram identificadas de acordo com seu estilo. Cabelo muito curto, tatuagens, camisetas, *bomber jackets* vintage, camisa polo de marcas, como Fred Perry, Ben Sherman, Brutus ou Jaytex, editavam o visual básico.

Os skinheads eram ligados em moda. Suéteres com gola V, ou o modelo sem mangas ou cardigãs. Camisas de mangas compridas ou curtas, abotoadas na frente. Camisetas lisas ou aquelas que reproduziam algo que tivesse a ver com a tribo, como imagens das bandas de rock preferidas. Alguns usavam blazers alinhados; outros, jaquetas jeans, mas apenas na cor azul. Nos pés, botas compradas em brechós ou as famosas Doc Martens, mas também sapatos clássicos nos modelos de amarrar (brogues). Durante a década de 1960 alguns skinheads usavam as badaladas *steel-toe boots*, botas com uma proteção de aço no bico para proteger os dedos. Mais recentemente, as botas da vez passaram a ser as da marca Solovair, já que as Doc Martens ou da marca Grinders não são mais fabricadas na Inglaterra. Os tênis Adidas são populares no meio skinhead. Conscientes de seu estilo, os chapéus nos modelos Trilby e Pork Pie faziam sucesso. O filme *Laranja mecânica* influenciou a adoção do chapéu Bowler. Um detalhe é superimportante para identificar a tribo: os suspensórios fininhos. Desde os anos 1970 as tatuagens com temas relativos ao seu universo se tornaram bastante comuns no meio. Nos anos 1980 alguns radicais tatuaram o rosto, mas a moda não pegou.

Para saber mais sobre o universo, leiam o livro *Perry Boys: the casual gangs of manchester and Salford*, de Ian Hough, que trata de um momento de transição da juventude inglesa no fim dos anos 1970.

Década de 1970: de 1970 a 1979

1971 – Idi Amin se torna o presidente de Uganda.
1971 – Charles Manson é considerado culpado por ter matado a atriz Sharon Tate.
1972 – *Bloody Sunday*, domingo sangrento: soldados ingleses abrem fogo contra civis em marcha em Londonderry, na Irlanda do Norte.
1972 – Escândalo de Watergate envolvendo o presidente americano Richard Nixon.
1973 – A Grã-Bretanha passa a fazer parte do Mercado Comum Europeu.
1977 – Morrem Elvis Presley e Marc Bolan, líder da banda T Rex.
1978 – Nasce o primeiro bebê de proveta.
1979 – Margaret Thatcher é a primeira mulher eleita primeiro-ministro na Inglaterra.
1979 – O Xá do Irã vai para o exílio forçado pelo Aiatolá Khomeini.
1979 – A então União Soviética invade o Afeganistão.

Figura 4.8 - Um traje típico dos anos 1970.

O poder das ruas

A moda foi ditada por uma elite durante um longo tempo, mas as regras mudaram no início dos anos 1970 com o crescimento do poder jovem, da classe média e da explosão do consumo de massa. As ruas simbolizavam ideias revolucionárias. Quando estudantes e manifestantes franceses armaram barricadas, em maio de 1968, a rua adquiriu sua legitimidade. As minorias oprimidas demonstraram, na rua, que podiam mudar o andar da carruagem da política. A libertação feminina, os movimentos pelos direitos dos gays e de outros grupos oprimidos fizeram das ruas o palco para as suas reivindicações. Para a moda também, a partir dessa década a rua virou a principal fonte de inspiração e laboratório de ideias, um mercado a ser explorado e um grande árbitro na aprovação de tendências.

Em 1960 o estilista francês Yves Saint Laurent cria, em sua última coleção de alta-costura para a Maison Dior, um casaco preto de couro de crocodilo, adornado com vison preto. A inspiração vinha do filme *O selvagem*, de 1953, protagonizado por Marlon Brando. Esse é o primeiro registro de que a cultura das ruas, mais tarde, influenciaria inclusive a, até então, poderosa e tradicional alta-costura.

O olhar dos estilistas para a rua se acentua. Mary Quant conta que a minissaia não é invenção sua nem de Courrèges, e sim das ruas. Outros fenômenos vão nascer com um pé nos anos 1960 e outro nos 1970. Os meios gays, mais ainda na sociedade inglesa, antes temerosos das perseguições, começam a exprimir a sua diferença. A rua se coloca como verdadeira linha divisória entre a primeira e a segunda parte da moda do século.

A moda dos anos 1970

Da onda da Swinging London, os olhares se deslocam para São Francisco, nos Estados Unidos. Por intermédio do movimento Flower Power, o estilo pop dá lugar à cultura hippie, e a revolução dessa vez é verdadeiramente cultural. Nos anos 1970 a moda unissex prospera; um jovem casal divide tudo, até mesmo o guarda-roupa composto de roupas usadas, pescadas de brechós, misturadas com peças feitas à mão e customizadas por meio de velhas técnicas artesanais e de influência oriental, como batique e *tie-dye*.

Pop stars como Isaac Hayes, David Bowie e Rolling Stones se ligam cada vez mais no som que vem das ruas. Em 1967 Emilio Fiorucci abre a primeira loja em Milão com a proposta de produzir a antimoda. Como violenta reação a tanta decadência, em meados dos anos 1970 surge a tribo "maldita" dos punks cuja estética, como verdadeiro vírus, impregna todas as próximas décadas.

Os punks

Nascido da crise que atingia com maior rigor o proletariado britânico, o movimento punk era mais um movimento de jovens que aliou a moda à música, bem como os seus antecessores, os zooties, os rockabillies, os skinheads e os hippies. No punk a música era carregada de furor, transmitindo um ódio mais visceral que político. Camisetas rasgadas, alfinetes de segurança, sapatos Dr. Martens, pesados e feios, embora práticos por terem sola de borracha que impedia de escorregarem na neve. Cabelos cortados em cortes espigados com destaque para o tipo moicano, com uma fileira no alto da cabeça e as laterais raspadas em referência a uma tribo indígena americana.

A geração punk se espalha por todo o mundo, manifestando seu nojo generalizado. E, em contrapartida, a moda que não se cansa de se fazer violentar, antropófaga, engole o movimento e suas características estéticas, devolvendo seus códigos nas vitrines do planeta.

Londres, mais uma vez, volta a ser a meca, sobretudo nas butiques da King's Road, onde a estilista punk Vivienne Westwood abriu uma loja junto com seu marido, Malcolm McLaren (1946/2010), em 1971. A loja mudava de nome com a mesma frequência que as roupas eram trocadas nas araras. Primeiro foi Let it Rock; depois To Fast to Live, Too Young to Die; no tempo dos Sex Pistols, a loja mudou de nome para Sex; depois para Seditionaries. No momento que o movimento punk começa a enfraquecer, em 1980, o nome muda outra vez para World's End – preconizando um fim dos tempos em que a moda seria a antimoda.

As camisetas punk fizeram época e viraram clássicos, mas naquele momento causaram escândalo. Um homem foi preso em Londres por usar a camiseta batizada de "Gay Cowboy", que trazia no peito personagens emblemáticos da cultura gay, criados por um artista que fez fama como Tom of Finland, cujas características eram membros masculinos enormes e desenhados de maneira bem explícita. Seus personagens vestiam o que mais tarde viraria uniforme gay na Nova York dos anos 1990: jeans Levi's 501, camiseta branca da antiga marca americana Fruit of the Loom, jaqueta de couro preto (roubada dos rockers) e botas de motoqueiro, de preferência da marca Harley-Davidson.

Em 2007 os penteados masculinos de topetes espigados, que resultam em um visual de cabelos arrepiados, são, podemos dizer, uma herança dos cortes no estilo moicano dos anos 1970. E vale para homens com empregos, digamos assim, caretas, como caixas de banco, para exemplificar. Na contramão desse visual, o corte mais próximo daquele dos índios americanos, com as laterais da cabeça radicalmente raspadas, já começa a dar o ar da graça em pessoas com atividades mais livres. No ano de 2014 o corte "estilo punk" se popularizou em todo o Brasil e muita gente nem ouviu falar na referência. Apenas sabia que estava na moda.

A moda da década

Nos anos 1970 os homens também não escaparam de uma nova geração de butiques. Seguindo as pistas dos moldes das lojas femininas, eles renovam o visual, os displays e as mercadorias de um comércio que era tímido e por hábito medroso. Apesar de todo o movimento da década passada, dos meninos andróginos da Carnaby Street e do boom de lojas dos mods voltar-se para a elegância de um jovem, no fim dos anos 1960 a moda ainda representava certo temor com relação à sua virilidade. No entanto, com o luxuoso auxílio de todos os pop stars que entraram na onda da moda *glam*, a coisa foi ficando um pouco mais relaxada.

A importância "da cabeça feita" nos anos 1970

Novos padrões de elegância foram impostos. A grande revolução dessa década está mais no comprimento dos cabelos que no âmbito da indumentária. As madeixas imperaram por quase toda a década. Entre os mais destacados da moda sob medida, o estilista francês Gilbert Feruch, com técnica extraordinária na construção de suas roupas, virou um clássico ao inventar a gola Mao, que outros chamavam de colarinho Nehru. Feruch influenciou muita gente, até mesmo Pierre Cardin que deve a ele boa parte de suas inovações, como silhueta ajustada, ombros estreitos, retirada do forro, desaparecimento da gravata e, às vezes, até da camisa social, redingotes ou túnicas-casacos cintados, macacões com zíper na frente, e mais.

Em paralelo, uma corrente retrô produz nos homens um retorno à elegância dos anos 1930. Como resultado, muitos ficam divididos entre suas estrelas do rock e seu amor por velhos filmes. Tentam, então, uma mistura dos dois, resultando em um visual de cabeleira cacheada, com terno jaquetão e jeans boca de sino. Acontece uma verdadeira exumação de muitas roupas militares – de preferência, as americanas –, impondo certa ordem ao vestuário dos homens, que havia entrado em desordem casual, a começar pelos beatniks nos anos 1950. Por outro lado, nessa década, longos casacos de pele passaram a fazer parte do guarda-roupa dos elegantes e endinheirados.

A década de 1970, para alguns críticos de moda, foi denominada "a década que o bom gosto esqueceu", mas, na realidade, estilo e atitude eram, sim, preocupação dos homens, mais que de seus semelhantes na década anterior. O grande problema era a moda dos anos 1970 não ser nada igualitária – o visual de bandas como Led Zeppelin e Roxy Music, por exemplo, não era traduzido para a rua. Os fãs não copiavam como faziam anteriormente com os Beatles e Rolling Stones.

Os anos 1970 podem ser encarados como um período de transição entre o etéreo ideal hippie dos anos 1960 e o movimento punk com toda sua sincera rejeição à moda do decênio. Com o aumento do desemprego e a inflação alta como cenário, a moda urbana inglesa se dividiu por muitas tribos, tendo sempre a música como sua força motriz. *Glam*, punks, disco, funk e reggae passaram a ser a trilha sonora da vida de jovens desempregados e sem dinheiro.

Os escandalosos visuais de pop stars nos palcos deram aos jovens um canal escapista, como aconteceu nos anos 1930 com o cinema americano que engabelou os miseráveis, feitos assim pela Depressão que tomou conta daqueles tempos. David Bowie com seu Ziggy Stardust e o *glam* rock de Bryan Ferry, Lou Reed e Marc Bolan do T. Rex, com seus trajes andróginos, faziam a cabeça da moçada na Europa.

A título de curiosidade, é importante mencionar que, de 23 de março a 11 de agosto de 2013, o prestigiado museu britânico Victoria & Albert Museum hospedou a mostra "David Bowie Is", em que exibiu mais de trezentas peças do acervo pessoal do músico multimídia. São roupas, letras de músicas; enfim, o título dá o recado: Bowie é tudo! David Bowie morreu em 10 de janeiro de 2016.

Nos Estados Unidos, um estilo similar, escandaloso e extravagante estava entrando em cena. A música de George Clinton e Parliament, e também Bootsy Collins, levou o ritmo do funk a uma audiência internacional. O estilo era usado pelos cafetões dos guetos e retumbou mais ainda quando a exploração dos estereótipos dos negros chegou ao cinema. Um bom exemplo do look *funky*: calças em veludo molhado superjustas, botas em couro de cobra, correntes douradas e todo tipo de acessórios usados pela comunidade negra e pobre das grandes cidades americanas.

Saindo do Fashion Institute of Technology (FIT), em Nova York, um nome despontava no universo fashion: Calvin Klein. Ele foi um dos primeiros a apostar nos jeans de grife e a lançar uma coleção de underwear com seu nome. A despeito de não ter nenhuma formação acadêmica em moda, Ralph Lauren, que nasceu e cresceu no Bronx, bairro nova-iorquino de classe média, afirmou em muitas entrevistas que seu estilo agregou status e bom gosto à moda americana. Expert em merchandising, Lauren fez o norte-americano médio acreditar na tradição do *old money* – os chiques endinheirados que faziam ponte aérea Londres-Nova York. Um bom exemplo de seu conceito de marca está nos figurinos do filme *O grande gatsby*, de 1974.

Para quem não tinha recursos para comprar as novas roupas de grife, a loja de Vivienne Westwood em Londres virou a meca dos punks autênticos ou fashionistas à procura de novidades. A moda punk, todavia, não sensibilizou o jovem americano. Os Sex Pistols em sua turnê pela América, em 1970, foram vistos como *freaks* – ou seja, malucos drogados. Para os americanos, a excentricidade dos trajes punk tinha a ver com a da nova tribo dos new romantics, com seus olhos pintados e roupas pretas, no começo da década de 1980.

Nos anos 1970, no entanto, os jovens americanos aderiram ao ritmo chamado de disco, em uma referência clara ao boom das discotecas dos subúrbios de Nova York, mais ainda depois do sucesso do filme *Os embalos de sábado à noite*, de 1977. O ator John Travolta, no papel do personagem Toni Manero, usava um terno branco, como que simbolizando a última inspiração para a moda. Virou referência fashion, em uma alusão ao homem latino, vaidoso e macho.

O uso de roupas esportivas para outras atividades além do esporte estava se tornando comum, e o visual foi misturado ao estilo preppie, dos estudantes americanos que frequentavam as *university-preparatory schools* – daí preppie, prep ou preppy.

Preppies

Os preppies como tribo urbana estão ligados ao ambiente universitário do tipo Wasp (white, anglo-saxon and protestant – branco, anglo-saxão e protestante), referência à classe alta. Esses estudantes das escolas preparatórias (*private university-preparatory schools*) têm um código de linguagem que vai além dos trajes. São tradicionais os moletons com nomes das escolas, jeans, tênis e outras roupas emprestadas dos esportes universitários. Além das tribos diretamente ligadas ao streetwear, os preppies contribuíram com o visual, as gírias e os maneirismos, em um período que vai de 1970 a 1980.

Skatistas

A relação do skate com o surfe acontece desde o nascimento dos dois esportes. No início dos anos 1970, nada era mais cool (bacana) para os jovens urbanos em Santa Mônica que praticar manobras radicais na recém-reinventada prancha de skate, tendo como pistas as piscinas abandonadas naquela região dos Estados Unidos. Por trás disso, porém, há toda uma história. O skate aparece como modalidade esportiva por volta de 1950, e o fato coincidiu com a popularização do surfe na Califórnia. Era praticado no asfalto, local em que os skatistas imitavam as manobras das pranchas nas ondas.

No meio dos anos 1960, o skate tornou-se um esporte *mainstream*, e alguns surfistas conhecidos da época começaram a montar equipes para divulgá-lo. Em 1965, surgiu a revista *Skateboarder Magazine*, e um campeonato mundial foi televisionado em rede nacional. Depois, a popularidade do esporte encolheu, e o skate caiu no anonimato, sumiu do mercado, até ser reinventado nos anos 1970, quando se formatou uma subcultura que em muito influenciou o streetwear.

As rodas começaram a ser feitas em fibra sintética, material mais resistente, e, por volta de 1974, a popularidade do esporte cresceu. Apareceram designs modernos com materiais mais resistentes, como a fibra de vidro. Surgiu a tribo dos Z-Boys, que invadiram as piscinas abandonadas em razão do racionamento de água motivado pela seca na Califórnia, em 1976. Começou uma nova era do skatewear que vai influenciar o streetwear.

Os Z-Boys – de Zephir Competition Team – formavam um grupo de skatistas de Santa Mônica na área de uma praia chamada Venice. Seu jeito de vestir fez escola e influenciou a moda. Para os que querem conhecer melhor a estética de suas roupas quando o esporte voltou à tona com toda força, há um documentário que é de fundamental importância: *Dogtown and Z-Boys*, com muitas entrevistas e trechos de filmes em super-8, gravados na época. É entrevistada a maior parte dos que fizeram parte do Zephir Competition Team.

Em 2005, foi lançado o filme *Lords of dogtown*, dirigido por Catherine Hardwicke, que se baseia na história dos Z-Boys, grupo que, na realidade, revolucionou o esporte, inventando a modalidade vertical com base nas piscinas abandonadas. Um bairro barra-pesada de Santa Mônica era conhecido como Dogtown, daí o nome do filme.

No começo, os uniformes dos skatistas eram as camisetas com jeans e tênis. Mais tarde, vieram as calças oversize com o cós das cuecas aparente, endossando o uniforme do hip-hop. Nos anos 2000, com o boom do streetwear, o skatewear passou a fazer parte da moda de rua. Em 2010, o segmento faturou US$7 bilhões.

Década de 1980: de 1980 a 1989

1980 – John Lennon é assassinado em Nova York.
1980-1989 – Guerra Irã x Iraque.
1981 – Casamento do príncipe Charles com lady Diana Spencer.
1984 – O estilista francês Jean Paul Gaultier lança sua primeira coleção masculina e propõe saias para os homens.
1985 – 13 de julho – Primeiro "Live Aid" – concertos de rock para levantar fundos para a Etiópia.
1987 – Quebra da bolsa de Wall Street, em Nova York.
1989 – Queda do Muro de Berlim.
1989 – Em novembro, o evento "7th On Sale" organizado pela *Vogue* americana, o CFDA – Council of Fashion Designers of America e a 7th Ave (quartel-general das maiores marcas americanas) levantam US$ 2,1 milhões, que foram integralmente doados para o New York Aids Fund (Fundo de Aids de Nova York).

Figura 4.9 - Um traje típico dos anos 1980.

A moda da década

A década ficou marcada por sinalizar que a moda entraria em um processo de popularização nunca visto na história da indumentária e dos costumes. Se a moda está na moda, hoje, em um mundo globalizado, esse é um mantra entoado há quase três décadas. Para François Baudot, autora do livro *Mode du siècle* (1999), os anos 1980 começaram em 1978, com a febre da música disco, e terminaram em 1989, com as festas do bicentenário da Revolução Francesa. Com a quebra da bolsa de Wall Street, em Nova York, em 1987, a recessão econômica pôs um fim na despreocupação um pouco artificial e eufórica, que reinava.

A última moda? A moda, é claro!

Lá pelos meados dos anos 1980, todo mundo se pôs a falar sobre moda. Verdadeira moeda de troca para uma geração de yuppies, a aparência torna-se um valor complementar da competência e do desempenho, quando a necessidade de aparentar se alia ao gosto pelo poder. A dependência de mulheres e homens – estes cada vez mais numerosos – para com o último grito fashion já não é uma imposição, mas uma escolha. Para uma faixa etária que já atingiu a maturidade, para uma camada que recebe bons salários, que quer vencer e convencer a todo custo, as compras são um esporte e a moda, uma competição.

O personagem do jovem estilista ganhou status e substituiu a estrela do rock, enquanto o esplendor das top models suplantou o das atrizes e, importante, os desfiles de moda se transformaram em verdadeiros espetáculos. O povo se aproximou mais da onda fashion, uma vez que os eventos eram discutidos e transmitidos cada vez com maior frequência pela mídia que atingia o grande público.

O visual chique grifado, em *total look*, sucedeu o uso generalizado do jeans. Nos anos 1980, a juventude começou a olhar de forma retrô para os estereótipos dos anos 1950 e 1960. Aí dá-se o começo de um processo que vai acabar passando a limpo todas as décadas do século XX e que atinge seu pico nos anos 1990 e no início dos anos 2000, em moto-contínuo. As novidades acabaram, na medida em que todas as décadas, a partir dos anos 1920, foram lidas e relidas. Ninguém mais lembra quantas vezes os anos 1960 foram tendência. E os 1950? E os 1970? E, afinal, os anos 1990? O século XXI começa, como falamos, com a revisão dos anos 1980 bombando na prancheta dos designers de moda internacionais, e os nacionais seguindo a caravana. Nesse começo de milênio, o grande mistério na moda para homens ainda é uma nova e criativa silhueta para o terno executivo, que acompanhamos desde o século XVII.

Em seguida, com o boom da cultura gym – a cultura da malhação que criou também um modismo –, são levadas para as ruas as roupas usadas nas academias de ginástica, como trainners, agasalhos com capuz, tênis esportivos, enfim, todo um aparato que virou outwear, ou seja, ganhou as ruas.

Na década de 1980, a moda começou a mudar freneticamente a cada seis meses, orquestrada pelo estabelecimento do calendário de lançamentos, em desfiles, nas chamadas capitais fashion. O lançamento das coleções de inverno e verão já acontecia antes, mas foi daí que começou o desejo de moda, insuflado pela mídia, que incentivava e estimulava o grande público a querer usar seu último grito. De acordo com o livro *A moda*, de Érika Palomino, Paris é ainda o maior polo de criação mundial e era lá que começavam os lançamentos; seguiam-se Milão, Londres e Nova York, em ordem de importância. Hoje, porém, a ordem é: Nova York, Londres, Milão e Paris. Até que tudo mude. Os famosos "15 minutos" de fama apregoados nos anos 1960 por Andy Warhol hoje são 15 segundos; e, se nossos avós diziam "o castigo vem a cavalo", hoje, vem via e-mail.

Capítulo IV - Século XX

A moda como fenômeno cultural

Em todo o curso dos anos 1980, além da moda, o cinema, a arte, a culinária e até a história em quadrinhos eram o foco nos estudos dos antenados. Na França, Jack Lang, então ministro da Cultura, impulsionou a moda a partir de 1981 como fenômeno cultural e fez da moda francesa um patrimônio produtor de divisas. Estaria seguindo o modelo de Luís XIV? Não sei. Nas décadas seguintes, outros países entraram na onda, ainda que de modo tímido,. No Brasil, tudo começou a funcionar, com mais evidência dos anos 2000 em diante quando muitos captadores de recursos para eventos começaram a se concentrar na moda. Mesmo assim, a dita, por aqui, não é considerada parte da cultura. Já na França, a preocupação em preservar os testemunhos do passado, por intermédio das roupas e costumes, com a organização de exposições para divulgá-los data dos anos 1980. Em resposta a tal incentivo, as publicações especializadas floresceram.

Lá, a moda se juntou à política a favor da reorganização e modernização dos museus, a exemplo do que já acontecia nos Estados Unidos com os famosos The Costume Institute do Metropolitan Museum of Art e o museu do Fashion Institute of Technology (FIT), em Nova York, e com o Victoria & Albert Museum, em Londres. Começa aí a voga dos Costume Institutes, ou seja, museus especializados em indumentária – roupas de todos os tempos. As coleções se enriquecem com muitas doações, e as instituições se reestruturam de vento em popa. O Museu de Kioto, no Japão, prima pela restauração de trajes. Excelente prova disso é o livro *Revolution in fashion: European clothing 1725/1815*, apresentado no Fashion Institute of Technology (FIT), em Nova York, em 1990, que representa a preciosa parte do século XVIII, com a grande exposição curada por The Kyoto Costume Institute e realizada em The National Museum of Moderna Art/Kyoto, em 1989.

De acordo com o livro *Modes XIX-XX siècles*, de Catherine Ormen-Corpet, essa onda de documentar a memória de outros tempos, como tentativa de museificação do presente, foi uma das grandes preocupações do decênio, o que fica claro nos caminhos percorridos pela moda daquele tempo. Com a cultura fashion em efervescência, a moda se tornou mais rica em referências históricas e artísticas, reforçando a corrente pós-modernista que já vinha acontecendo na arquitetura desde os anos 1970.

Em 1983, Paris anunciou a abertura do Musée des Arts de la Mode na ala direita do Louvre. Dessa maneira, o segmento ganhou mais uma instituição, um museu da moda não apenas para divulgá-lo mas também para documentá-lo, exibi-lo e protegê-lo. Por sua vez, o Museu da Indumentária do FIT, chamado de The Museum at FIT, foi fundado em 1967, em Nova York, com a finalidade de dar suporte aos programas educacionais em moda do FIT. Hoje, é um dos maiores museus do mundo voltado exclusivamente ao segmento. Conhecido tanto pelas exposições ali exibidas quanto pela inovação e vanguarda de suas abordagens, tem uma das maiores coleções de trajes e tecidos de outros tempos. São 50 mil trajes de um período que vai do século XVIII aos nossos dias. Muitos dos mais famosos criadores contemporâneos, como John Galliano (antes do escândalo que o afastou da moda, em 2011), Vivienne Westwood, Karl Lagerfeld, entre outros, doam peças-chave de suas coleções para o acervo do museu, que os cataloga, documenta e, quando se faz necessário, os restaura. A acadêmica Dra. Valerie Steele, autora de muitos livros, assumiu a curadoria do museu nos anos 1990. Seu trânsito no universo da moda resultou no aumento das doações de roupas grifadas – de outras décadas ou atuais.

No final de novembro de 2007 Pierre Cardin, aos 84 anos, 60 dos quais dedicados à moda, abriu o Musée Pierre Cardin, em Saint-Ouen, ao norte de Paris.

Anos 1980, a década da cor preta

Depois de ter desaparecido do guarda-roupa nas duas décadas anteriores, a cor preta faz sua reentrada triunfal e marca os anos 1980. Introduzida por uma corrente high-tech, em alta, a cor vem aliada a um termo que define todo o movimento da moda da época: cool, que podemos traduzir como superbacana. Está em todas as passarelas, é uniforme da elite do rock e dos poderosos da mídia chique – cronistas e jornalistas de moda. E não fica por aí, contagia a juventude e faz surgir o termo "vítima da moda" (*fashion victim*). Rapidamente, a cor ganha as ruas; afinal, também tem suas vantagens como cor de fashionista: reduz o volume e esconde os defeitos. O preto esconde tudo e substitui o jeans, mas este resiste e surge no black jeans. Nada melhor para dissimular combinações de roupas não apropriadas.

O preto passa a ser a cor de móveis em apartamentos minimalistas de paredes brancas. Chega aos automóveis e às embalagens de café. Vira símbolo do clássico e ao mesmo tempo sexy. Contorna o corpo e se torna a essência do minimalismo japonês, das formas desestruturadas, em tons de preto e cinza. Nessa década acontece a explosão dos acessórios, dos óculos escuros, batizados de *shades* (sombras) pelos fashionistas mais esnobes, e do walkman, lançado pela empresa japonesa Sony em 1979.

A música dá o tom do comportamento e da moda. Abram alas para a cultura das ruas

Para Catherine Ormen-Corpet, autora do livro **Modes XIX-XX siècles**, já citado, é impossível ter uma visão sintética da moda masculina no começo da década. Após a onda punk, acontece uma revolução de modos de vestir, suscitados e adotados por jovens de menos de 25 anos.

Por volta de 1980 a moda maldita dos punks já tinha sido engolida pelo *mainstream*. Surgiu até o punk de butique em processo idêntico ao que aconteceu com o hippie. Os jovens estavam em busca de uma nova identidade. Em Londres, na cena pop, surge The Blitz Club, frequentado por uma turma que curtia o *gender bending*, ou seja, a troca de sexo por meio das roupas. Essa troca produziu um homem de roupas femininas e muita maquiagem, sem ter nada a ver, no entanto, com travestismo. Entre os frequentadores estava um rapaz chamado George Alan O'Dowd, mais tarde conhecido como Boy George, que misturou ao visual cabelos rastafári. Documentada por revistas como **ID, The Face e Blitz**, apenas para citar as principais, a nova tribo gostava de aparecer e chocar. Ambos os sexos usavam maquiagem pesada e roupas andróginas que eles mesmos customizavam em casa, além de extensões artificiais nos cabelos. A customização já acontecia com os hippies dos anos 1960, e entre o fim dos anos 1990 e o início dos anos 2000 populariza-se o processo de transformar e interferir nas roupas, dando a elas caráter exclusivo. Até nas novelas se fala em customizar. Em 2007 todo mundo customiza tudo: de jeans a celulares, passando por acessórios e chegando aos automóveis. Customizar é uma forma de individualizar, tornar o que é de todos só "seu", feito por você.

Os Blitz Kids, como passaram a ser rotulados pela imprensa os frequentadores do clube (The Blitz Club), foram uma espécie de precursores dos nossos clubbers, uma onda que chegou ao Brasil na década seguinte, sobretudo na ponte aérea Rio-São Paulo. Eles marcaram uma nova era na cultura jovem urbana brasileira, já que "as pistas de dança sempre foram palco para experimentações e manifestações da expressão pessoal, e a música eletrônica se transformava, na língua franca de um mundo unido pela tecnologia e, depois, pela internet", como diz Érika Palomino em seu já citado livro *A moda*.

Os grupos musicais neo-romantics dos anos 1980 subiam ao palco usando camisas de babados, saias ou kilts, enfim, roupas que pareciam ter sido roubadas de algum guarda-roupa de novela. Essa foi uma tribo que durou pouco na cena pop, mas alguns críticos a consideram a mais ridícula da década.

Com um pequeno alvoroço, a banda new wave inglesa Adam & the Ants fez algum barulho na mídia entre 1981 e 1982 com uma série de vídeos bizarros, embora interessantes, para hits como "Stand and Deliver" e "Prince Charming". A estética dos videoclipes começa a marcar época.

Nos Estados Unidos, o estilo black urbano começa a bombar com o hip-hop de raízes no Bronx desde o fim dos anos 1960 e início dos anos 1970, divulgando o rap (rhythm & poetry), então os rappers começam a ganhar fama. Aparecem nomes, como The Sugar Hill Gang, Grandmaster Flash e Run D.M.C., que movimentam as hit parades. Surge um grande movimento jovem atrelado à música que vai resultar na explosão da cultura de rua, esta rotulada de subcultura que movimenta todas as áreas do comportamento jovem na cena pop e urbana contemporânea.

Seu jeito de vestir – agasalhos esportivos (moletons com capuz batizados de *hoodies*), tênis Adidas cuidadosamente desamarrados e correntes douradas – foi o começo de um estilo que, na segunda metade da década, passou a ser símbolo de status e orgulho da raça negra norte-americana, os afro-americanos. Com o reforço da grande adesão de fãs jovens, as roupas esportivas começam a chamar atenção dos estilistas. Os tênis próprios para práticas de esportes foram ficando mais aceitáveis como acessórios para todas as horas. Na realidade, os jovens norte-americanos urbanos começaram a nutrir uma verdadeira paixão pelos tênis, que acabaram virando objetos-fetiche e logo foram devorados pela moda.

Em 1984 o estilista francês Jean Paul Gaultier *lança sua primeira coleção masculina, batizada de "Homem-objeto", na qual exibe saias e vende 3 mil exemplares do traje*. Os antenados, como *Gaultier*, já olhavam direto para as ruas em busca de inspiração desde a década anterior. Começa aí, de verdade, o movimento das calçadas para as passarelas, e delas para as vitrines, que o estudioso antropólogo Ted Polhemus retrata em seu livro *Streetstyle: from sidewalk to catwalk (1994)*.

Designer suit

Paralelamente ao crescimento do streetwear, os anos 1980 também são conhecidos como a década do *designer suit*, ou seja, ternos e roupas de grife. Os homens não procuravam no mercado apenas um bom terno com acabamento e boa alfaiataria. Queriam a marca que, de algum jeito, refletisse sua identidade, a grife que os identificasse no caos urbano. Ligadas na demanda, quase todas as marcas lançaram linhas masculinas. Para quem não podia comprar o que se chamava marcas de grife, a alternativa era apostar em uma nova tendência de lojas recém-inauguradas, como a cadeia da Next, lançada na Inglaterra no começo da década, e a Banana Republic, nos Estados Unidos em 1979, que em

1983 foi comprada pela Gap, também norte-americana. Assim começou a saga de um estilo casual com diferencial de moda, que lançou uma corrente conhecida como a revolução no varejo.

Em 1981, a entrada do presidente norte-americano Ronald Reagan criou na Casa Branca algumas modificações estilísticas em seus homens de governo, em contraste aos de seu antecessor Jimmy Carter que usavam um estilo mais relax. Reagan exigiu o uso de ternos para toda sua equipe. Em consequência disso, a marinha dos Estados Unidos voltou a vestir alinhadamente seus uniformes.

A alfaiataria seguiu dois caminhos na década. Um, mais relaxado, desestruturado e descontraído, que não havia retornado à moda desde os anos 1920. Observem que as décadas vão começando a ser passadas a limpo na moda masculina. Esse visual era a roupa oficial de uma classe de profissionais liberais, aqueles que trabalhavam em universos criativos como publicidade, televisão ou como executivos da indústria fonográfica cada vez mais poderosa. Os homens de negócios que tinham de passar uma imagem mais confiante e controladora apostaram, porém, no que seria a marca registrada dos yuppies da década: o *power dress*, o segundo caminho da alfaiataria dos anos 1980.

Nesse cenário, o italiano Giorgio Armani, que havia lançado sua primeira coleção masculina em 1975, começa a fazer sucesso com seus ternos amplos de alfaiataria impecável. A grife Armani, que passou a ser associada a estilo e conforto, foi pioneira na onda do terno desestruturado. O estilo viria a tomar conta da moda masculina como uma verdadeira febre, ameaçando até mesmo a tradicional Saville Row, a rua dos alfaiates ingleses, com seus paletós estruturados e – considerados, então – duros. Em 1980 o ator Richard Gere dá um show de elegância vestindo Giorgio Armani no filme *Gigolô americano* (1980), do diretor Paul Schrader. Começa, assim, o sucesso total da linha masculina do estilista italiano.

Surgiu um modismo: o visual Armani começou a ser usado com as mangas arregaçadas, promovendo um efeito feio, mas relaxado, que bombou com o videoclipe *You can't hurry love*, de Phil Collins. Destaque também para a série *Miami Vice*, na qual o personagem interpretado por Don Johnson usava ternos amplos em tons pastel ou na cor branca, com camisetas e mangas arregaçadas. A tudo isso soma-se a barba por fazer, que editou um visual considerado decadente mas copiadíssimo nos bares suburbanos nos Estados Unidos e na Europa, chegando via estilistas copistas ao restante do mundo. Os mais ortodoxos juízes de estilo o sentenciam como algo pavoroso e sem classe. Na contramão desse estilo, a marca alemã Hugo Boss investia nos *power dress*, para homens sérios e alinhados, e fazia sucesso.

O livro *Giorgio Armani: images of man* (1990), de Richard Martin e Harold Koda, apresenta um panorama da marca desde as primeiras campanhas, do inverno de 1975 até o inverno de 1990, quando o livro foi lançado no FIT, em Nova York, com grande festa, repercutindo John John Kennedy (John F. Kennedy Jr.) como o grande divulgador da grife, em Manhattan.

Os japoneses atacam Paris

Em 1981 o jornal inglês *The Sunday Times* noticiou uma nova corrente de moda emergente em Paris. Tratava-se dos estilistas japoneses Rei Kawakubo, e sua marca Comme des Garçons, e Yohji Yamamoto, a quem o jornal francês *Le Figaro* grosseiramente chamou de "perigo amarelo", revelando o temor que a moda estabelecida nutria em relação às novidades que chegavam à capital. Antes disso, Kenzo Takada,

Issey Miyake e Kanzai Yamamoto já haviam marcado presença. Contudo, quando a Comme des Garçons, Yohji Yamamoto e, mais tarde, a grife Matsuda apresentaram suas coleções pela primeira vez nas passarelas francesas, o frescor de suas criações sensibilizou até mesmo a mais empedernida e amarga crítica de moda francesa. As editoras presentes aos desfiles se incumbiram de divulgar: o que viam era novo. Em pouco tempo, seus desfiles eram disputados na semana de moda, no Louvre.

Até hoje, Kawakubo e Yamamoto surpreendem pela delicadeza de suas criações, associado à modernidade das silhuetas e dos materiais empregados. A linha masculina Comme des Garçons Homme foi criada em 1978.

Em junho de 2012, Rei Kawakubo foi homenageada na cerimônia do Oscar da moda americana como estilista influente. Disciplinada, Kawakubo não compareceu a Nova York para a homenagem do CFDA (Council of Fashion Designers of America) Fashion Awards: a estilista estava terminando a coleção masculina, que foi apresentada em Paris no mês de julho.

Yohji Yamamoto, por sua vez, começou a linha para homens em 1984. Os dois criadores reverteram as normas do bem-vestir masculino com suas formas assimétricas, quase sempre em tons de preto ou cinza, que também foram batizadas de pauperismo (expressão que vem de "pobre"), grande sucesso dos anos 1980.

Suas criações não tinham nada de glamorosas, ao contrário; ainda assim, fascinaram uma nova geração de homens jovens que tinham uma relação com a moda e procuravam roupas diferenciadas, mas que agregassem status. Para esses jovens executivos, os novos japoneses eram o que havia de mais moderno, a última palavra em estilo, uma tendência que chegou ao Brasil com força total na mesma década.

Ambos os estilistas fazem lançamentos em Paris até hoje e são referências inquestionáveis da moda masculina contemporânea, atuando como precursores em modismos como as bainhas "pescando siri", acima dos tornozelos – hoje marca registrada do estilista americano Thom Browne. A mídia de moda descolada considera Browne a grande novidade no cenário deste começo de século XXI muito embora suas criações causem pânico aos mais caretas, exatamente como acontecia com os japoneses, em Paris, nos anos 1980. Para espanto geral, ele foi um dos escolhidos da primeira-dama norte-americana, Michelle Obama, para o vestido usado na posse da reeleição do marido, presidente norte-americano, Barack Obama. Sobre a verdadeira influência – real e não de passarelas – de Browne na moda masculina contemporânea falaremos mais adiante.

Os belgas invadem Londres

Na Semana de Moda de Londres em 1986 na capital inglesa, um grupo de seis estilistas belgas invadiu as passarelas com seus estilos não menos transgressores que o dos japoneses. Eram eles: Walter van Beirendonck, Dirk Bikkembergs, Dries van Noten, Ann Demeulemeester, Dirk van Saene e Marina Yee, que ficaram conhecidos como "Os Seis de Antuérpia" (Antwerp Six), pois todos provinham da mesma Escola de Belas-Artes de Antuérpia.

Nos anos 1990 a estética destruída de suas criações, com bainhas cortadas e muita costura aparente – corte a fio – no melhor estilo neopunk, porém super-refinado, ficou conhecida como Escola Belga. Da Bélgica, nos anos 1990, veio outra geração de jovens criadores para reforçar o coro da escola: Martin Margiela e Veronique Branquinho.

E tem mais belgas, podemos dizer, uma terceira geração. Em 1995 Raf Simons se tornou um estilista de moda masculina, e de 2013 a 20015 assumiu o cargo de diretor criativo da linha prêt-à-porter e alta-costura da Dior no lugar de John Galliano. Foi assistente de Walter van Beirendonck, Jean Paul Gaultier e Martin Margiela. Raf Simons ganhou carreira solo, lançando sua coleção para homens na semana de moda masculina francesa. E, por fim, outro nome belga está nos holofotes da mídia de moda: Kris van Assche, que, além de conhecido por sua marca solo, foi assistente de Hedi Slimane na Dior Homme. Em 2007 Assche aceitou o cargo de diretor criativo da tradicional marca francesa. Em 2013 Slimane assumiu a Maison Saint Laurent, transferiu a base para Los Angeles e trocou o nome para Saint Laurent Paris. Esses são os tempos de crise e globalização.

Para os que quiserem aprofundar mais os conhecimentos sobre a verdadeira escola belga, recomendo o livro 6+ *Antwerp Fashion* (2007), que é um catálogo da exposição 6+ Antwerp Fashion at the Flemish Parliament, realizada em Bruxelas. O livro virou cult após a publicação de apenas 3 mil exemplares.

O boom do streetwear, da moda de rua, toca para a frente o que já havia sido iniciado na década anterior com os punks e skinheads. Na verdade, consequência do que começou a acontecer com os zooties e zazous lá nos anos 1940. Daí em diante, a moda que vem das calçadas, usada pelas diferentes tribos urbanas, definitivamente influencia a moda *mainstream* – tanto a feminina quanto a masculina. Os estilistas Jean Paul Gaultier, em Paris, John Galliano e Vivienne Westwood, em Londres, e Stephen Sprouse (1953/2004), em Nova York, são os verdadeiros arautos do estilo de rua no prêt-à-porter. Os movimentos de jovens e rebeldes das ruas têm DNA masculino, ou seja, as roupas são primeiro usadas por homens para depois serem incorporadas à moda das mulheres.

A mania do novo homem desde os anos 1980

Com o boom da exposição/visibilidade da imagem masculina em todas as mídias, provocadas pelo fenômeno do metrossexual ocorrido entre os anos 2002 e 2005, todo mundo falou de um novo homem. Na verdade, o tal homem novo já vinha sendo discutido e anunciado desde os anos 1980. Em Londres, nos meados da década, teve início um movimento que o livro *A decade of i-deas: the encyclopaedia of the 80's* rotula de *new man-ia*, ou seja, a mania que busca o novo personagem masculino. Em todas as mídias, das revistas às televisões, dos editoriais aos anúncios, os modelos fotografados tinham um sorriso afetado. Será que esse modelo teria sido pinçado ou copiado dos ícones da cultura gay, que estavam começando a bombar? O bonitão do corpo perfeito teria a finalidade de educar e convidar os consumidores do mercado masculino a uma viagem narcisista de consumo desenfreado? Os árbitros de estilo e os acadêmicos começaram, então, a dar tratos à bola para descobrir quem poderia ser ou expressar algo novo. No fim das contas, o modismo nadou, nadou e morreu na praia. Alguns teóricos chegaram à conclusão de que era difícil encontrar tal homem na vida real.

A história não para por aí. Naquele mesmo livro, compilado e publicado pela revista *ID*, consta o verbete *menswear boom* – ou seja, um boom da moda masculina. Em 1984, um seminário em Londres – do qual participava (sir) Paul Smith, um renomado estilista inglês – anunciava o advento do Novo Homem (*New Man*): um macho que se importava com sua aparência, suas roupas e seu corpo, e estava disposto a investir seu dinheiro nisso. A tribo dos new romantics já estava usando roupas exageradas e até maquiagem, mas o tal novo homem não era esse. O sucesso e o boom, na realidade, começaram apenas depois que estilistas do porte de Smith começaram a investir na moda para eles. Surgiu um evento denominado English Menswear Designer Collections (EMDC) para promover o segmento inglês dos criadores de moda masculina, mas durou apenas até 1988. Ao aprofundarmos um pouco o conhecimento do universo masculino no século XX, vemos que em 1994 o terreno já estava mais que adubado para o nascimento do metrossexual, criado por Mark Simpson para detonar o consumo desenfreado anunciado nas revistas voltadas para o público masculino.

A década que estamos acabando de enfocar, os anos 1980, também é conhecida como tempos de Reagan e Thatcher, a era das roupas de grife, a década do yuppie e do início do boom do grafite. Na metade dos anos 1980 os trens do metrô de Nova York já estavam todos grafitados. O comportamento transgressor que vinha das ruas e a arte de rua ou arte urbana, como o grafite é chamado hoje, se espalharam pelo mundo.

Anos 1980: a era dos yuppies

De acordo com a revolução social e os ideais da contracultura que receberam atenção popular, os anos 1970 e 1980 introduziram solenemente um retrocesso à quebra de padrões estabelecidos, pelo menos nas classes média e alta. Um grande número de ex-universitários, antigos protestadores engajados e hippies oriundos dessas classes deixaram a contracultura para trás e assumiram empregos muito bem pagos em cargos chamados de colarinhos brancos, ou seja, tornaram-se homens de negócios, administradores, ou pescaram cargos – caíram de paraquedas em profissões liberais. Pelo fato de postergarem o casamento e, em consequência, a mulher e as responsabilidades com família e filhos, muitos tornaram-se livres para dedicar-se às grandes responsabilidades. Esses jovens profissionais urbanos foram batizados pela imprensa de yuppies.

Cansados da seriedade moral e política dos ativistas dos anos 1960 e 1970, os yuppies começaram a aplicar seu dinheiro em investimentos pessoais, ou seja, neles mesmos, às vezes gastando mais que tinham, investindo em símbolos de status, roupas e tudo mais que os anunciasse como os tais, por exemplo relógios Rolex e *designer suits*. Nem a gastronomia do momento nem os restaurantes da moda escaparam de seus focos; os mais badalados e conhecidos tinham reservas em todos. Seu carro? BMW. A droga dos yuppies não era a maconha dos hippies, e sim a cocaína – a droga cara do *jet set*.

A tribo dos jovens profissionais urbanos acabou simbolizando tudo o que a mídia reprovou nos anos 1980, batizando-os de *me generation* (a geração do "eu"), e o período passou a ser conhecido como a década da ambição, da avidez. O livro *A fogueira das vaidades*, do escritor americano Tom Wolfe, retratou a decadência da vida yuppie. Na verdade, o boom econômico do começo da década contribuiu para o crescimento do consumo entre a classe média americana. Os meninos bem-educados formavam uma elite muito bem posicionada para tirar proveito disso. Eles cresceram e foram formados com um senso de sua autoimportância e de seus direitos. A eles foram dados cargos e salários que reforçaram seu poder. Seu estilo de vida era o oposto daquele de seus pais: a geração conservadora herdeira da Grande Depressão.

A vida profissional dos yuppies parecia meramente um passo além das festas da universidade, só que a diversão era menos limitada. Empregados com lucratividade, os casais sem filhos eram os dinks (double income no kids), ou seja, renda em dobro e nenhuma criança –, como foram batizados pela mídia da época, que adorava cunhar abreviaturas para pichá-los. Os dinks, ou yuppies sem filhos, tinham à sua disposição uma renda sem precedentes e uma crescente sociedade de consumo para gastá-la.

Autoconfiantes, seguros em matéria de economia e individualistas, esse era o perfil da tribo dos profissionais urbanos muito bem-traçado no filme *Wall Street*, de Oliver Stone (1987), com atuação de Michael Douglas. O filme se passa no ano da quebra da Bolsa de Nova York, e Douglas ganhou um Oscar pela interpretação do personagem Gordon Gekko, cujo figurino fez escola. Em 2010 o filme *Wall Street: o dinheiro nunca dorme*, dirigido por Oliver Stone, mostra um Gekko repaginado para a segunda década do século XXI.

Na França, os yuppies receberam o nome local de BCBG – bon chic, bon genre: pessoa elegante, refinada.

Década de 1990: de 1990 a 1999

1990-1991 – Guerra do Golfo.
1992 – O estilista americano Marc Jacobs cria a coleção grunge para a grife americana Perry Ellis, sendo demitido logo em seguida.
1994 – O escritor inglês Mark Simpson cria o neologismo metrossexual, que, mais tarde, de 2002 a 2005, causaria uma verdadeira revolução no comportamento do homem das grandes cidades do planeta, inclusive do Brasil. Em 2005, Marian Salzman, Ira Matathia e Ann O'Reilly, um trio de marqueteiras, escrevem o livro *The future of men* e transformam o neologismo de Simpson em um modelo/personagem de vendas e vendem as pesquisas para grandes empresas voltadas a produtos masculinos. Assim, o conceito metrossexual parou de gastar e começou a produzir divisas, sobretudo para as autoras e seus clientes corporativos.
1997 – Os ingleses devolvem Hong Kong aos chineses.
1997 – Na Inglaterra, Tony Blair vence as eleições pelo Partido Trabalhista, o que não ocorria há 18 anos.
1997 – Gianni Versace é assassinado na porta de sua casa, em Miami.
1997 – Dá-se a primeira clonagem de um animal, a ovelha Dolly.
1997 – Morre a princesa Diana, vítima de um acidente de carro.
1997 – O estilista americano Marc Jacobs é contratado pelo conglomerado de luxo mais poderoso, o grupo LVMH, para ser o diretor criativo da grife Louis Vuitton e criar coleções de roupas.
1998 – Morre Frank Sinatra.
1998 – Escândalo envolve o presidente norte-americano Bill Clinton e Monica Lewinsky.

A década do "menos é mais"

O prazo de validade do exibido yuppie não passou dos anos 1980. O pânico tomou conta do mercado financeiro em 1987. A quebra da bolsa de Nova York mais a Guerra do Golfo (1990-1991) marcaram o limite do tempo, excessivamente ostentoso, dos yuppies. O desemprego aumentava, e as periferias dos grandes centros urbanos cresciam. O medo da aids modificou o comportamento: começou a falar-se em sexo seguro. Começa a bombar a preocupação com o equilíbrio do planeta e surgem ações de responsabilidades ecológicas e humanitárias. A moda muda seu foco glamoroso, over e sedutor, típico dos anos 1980. A estilista inglesa Katharine Hamnett cria camisetas com slogans em defesa do meio ambiente. Suas criações viram febre e ela se torna cult, mas sempre ligada nas causas ecológicas e no ecossistema. Produz jeans em algodão orgânico – mantra do século XXI –, mas as roupas são caras por causa da matéria-prima limpa de agrotóxicos e o sistema manual de produção.

Na virada dos anos 1990, as modelos são magras, anoréxicas. Os piercings e tatuagens chegam às passarelas, como também os cabelos vermelhos. As roupas se simplificam, ganham um tom despojado, com forte influência do minimalismo japonês que vem da década anterior.

Em Seattle, nos Estados Unidos, surge o movimento grunge, que invade a Europa e depois o restante do planeta, no qual se fala de moda e música. Para Catherine Ormen-Corpet, autora do livro *Modes*

Figura 4.10 - Um traje típico dos anos 1990.

XIX-XX siècles, a tribo, com suas camisas de padronagem xadrez de lenhador, é herdeira distante do beatniks e dos punks, tanto quanto adepta de uma música estridente; sua finalidade é chocar. Veste-se de um jeito relaxado e não esconde rejeitar a moda. Nada mais instigante que transformar os grunges em referência fashion.

Em 1992 Marc Jacobs criou para a grife americana Perry Ellis a coleção batizada de Grunge Collection. Foi sumariamente demitido da empresa embora suas criações tenham ido parar nas capas das melhores revistas de moda do planeta, a começar pela *Vogue* norte-americana.

Um tempo depois, em 1997, o estilista foi convidado para ser diretor criativo da tradicional marca francesa Louis Vuitton, criando a primeira coleção de prêt-à-porter. Quem o chamou foi ninguém menos que o poderoso monsieur Bernard Arnault, presidente do conglomerado de luxo LVMH Moët Hennessy – Louis Vuitton. Em 2013 Marc Jacobs deixa a Vuitton após 16 anos.

Um dos mais famosos pop stars da música grunge, Kurt Cobain, da banda Nirvana, teve um fim trágico, suicidando-se em 1994. Além do grande sucesso na música, entrou também para o hall da fama da moda como fonte de inspiração por seu estilo largadão. Polêmico, fez homens ficarem tentados a usar vestidinhos floridos só de onda, como resultado de sua aparição em um videoclipe em que ostentava um modelo similar e romântico.

O que é minimalismo?

Depois da overdose de roupas grifadas e etiquetas à mostra nos anos 1980, a década de 1990 seguiu rumo ao minimalismo. Com a eliminação sucessiva de detalhes e simplificações, a moda feminina entrou na onda do "menos é mais", ou seja, quanto menos, melhor. As roupas para homens também sucumbiram ao grito minimalista. A palavra tem origem no vocabulário da vanguarda artística dos anos 1970, que justificava a simplicidade levada ao extremo.

Lado a lado, uma nova estética toma conta da moda. Surgem novos talentos que limpam as formas e saneiam os excessos, como o belga Martin Margiela que convida a imprensa para desfiles em antigos hospitais e manicômios. As locações para a apresentação dos desfiles são terrenos baldios, prédios abandonados e outros locais bem diferentes das salas refrigeradas do Carrousel du Louvre, que permanece como ponto forte da semana de moda francesa.

Com Margiela e seus compatriotas belgas, a moda impõe não apenas uma nova geração de criadores, como também uma tendência pauperista que põe fim aos exageros modais que marcaram a década anterior. É dessa maneira que se anunciam os anos 1990. Em tempos de disparidades sociais, a moda deixa de lado o luxo das marcas de grife, que é substituído pelo casualwear de todos os dias e pode ser exemplificado por um terno discreto em tons de cinza e marinho. O estilo jaquetão, característico do *power dress* dos yuppies, é substituído pelo abotoamento simples, de quatro ou cinco botões, com lapelas altas, editando uma silhueta longa e estreita.

No universo corporativo, o terno de três botões reina soberano. Lembram que isso aconteceu no início do século? Pois é, no fim se repete e adentra os anos 2000, começando a ser substituído aos poucos pelos modelos de dois botões em 2005, com muita força em 2009, o que se deve à primeira eleição do presidente norte-americano Barack Obama. Obama aposta em um terno mais curto e ajustado, com abotoamento simples e de dois botões. O homem corporativo fica entre os ternos de dois e os de três botões. Em sua reeleição, em 2012, mantém o traje e adota a clássica gravata larga.

Nos anos 1990 acontece um boom de exageros da mídia, que passou a valorizar o que era, até então, considerado supérfluo. Esse comportamento se refletiu no estilo também. O refinado conceito de estar na moda de acordo com os cânones das décadas passadas, nos quais o estilo era mais importante que as roupas, passou a ser irrelevante. Esse movimento já vinha da década de 1980 com a febre das roupas grifadas e a revisão das décadas anteriores. Nos anos 1990, os consumidores passaram a querer novidades todos os dias, sem se importar com o real valor criativo do que vestiam. Assim, o design – aqui no sentido de novas e criativas silhuetas – passou a ser algo raro. O mesmo aconteceu com a música, pois entramos no tempo da cultura DJ: era mais fácil samplear algumas faixas de discos antigos que criar novas músicas.

Tudo acontecia no estilo rápido e fugaz. Obter fama e sucesso ficou mais fácil se comparado às outras décadas do século XX. Os cidadãos norte-americanos tinham centenas de canais de TV a cabo. Virar uma estrela do dia para a noite tornou-se uma realidade. Um tal de John Wayne Bobbit teve seu pênis arrancado em um sexo oral feito pela namorada enfurecida. O dito-cujo foi costurado de volta, e John tornou-se um bem-sucedido astro pornô, aplaudido e apoiado por centenas de fãs.

Contudo, no fim das contas, se olharmos os anos 1990 com mais acuidade, veremos que nem tudo foi tão pasteurizado. Iniciou-se uma definitiva reação ao *me culture* (a cultura do ego) do decênio anterior, com uma atmosfera politicamente nova que produziu muita coisa boa. Começou a maratona em prol da arrecadação de fundos para ajudar os desprovidos e também os portadores do vírus HIV em uma luta maciça contra a aids. E a moda se envolveu na difusão da causa, promovendo eventos como o 7th On Sale, que aconteceu em 29 de novembro de 1989 em Nova York. O evento foi apoiado pelo Council of Fashion Designers of America (CFDA), o poderoso e respeitado sindicato dos estilistas americanos, e pela revista *Vogue*, com a direta participação de sua editora, a lendária Anna Wintour. Em quatro dias arrecadaram-se mais de US$ 2 milhões, que foram doados ao New York Aids Fund. Ao mesmo tempo, houve um movimento global em prol da aceitação das pessoas pelo que elas são, não importando raça, cor e credo.

Em 15 de novembro de 1994, Mark Simpson escreveu no jornal *The Independent*, o maior dos diários ingleses, a matéria "Here Come the Mirror Men" (Aí vêm os homens do espelho), na qual criticava o boom de revistas com foco no homem, anunciando um caleidoscópio de produtos, de roupas a carros. Assim nasceu o neologismo "metrossexual". Simpson é jornalista, escritor, especialista em cultura pop, mídia e assuntos masculinos. Um crítico o rotulou de o Oscar Wilde skinhead e outros, a versão masculina de Camila Paglia. Gay assumido, participa de muitos programas de televisão ingleses.

Nos anos 1990 deu-se a ascensão de Bill Clinton, nos Estados Unidos, e a de Tony Blair, na Inglaterra, que emplacaram uma parceria transatlântica, espelhada na de Reagan e Thatcher da década anterior. Difícil não lembrar o escândalo veiculado em todas as mídias envolvendo o presidente norte-americano com uma estagiária da Casa Branca, chamada Monica Lewinsky. Enquanto isso, Blair simbolizou o crescimento da classe média britânica. A década também foi cenário para o fenômeno das supermodels, personalizadas por Linda Evangelista, Christy Turlington, Naomi Campbell, Cindy

Crawford e Tatjana Patitz, que foram clicadas para uma capa da *Vogue* pelo fotógrafo Peter Lindberg. A elas juntaram-se mais tarde Kate Moss, Carla Bruni (que depois virou primeira-dama da França, até o fim do mandato [2007/2012] de Nicolas Sarkozy) e outras, não menos famosas na época. O trio de Linda, Christy e Naomi, o mais turbinado, virou letra de música de Ru Paul, uma famosa drag queen norte-americana que bombou nos hit parades antenados.

Em 1997 o mundo da moda perdeu um verdadeiro imperador, o estilista italiano Gianni Versace, assassinado na porta de sua mansão em Miami. Versace tinha uma clientela de celebridades da cena pop como Prince e Elton John, para os quais criava roupas que ele chamava de men's couture – peças únicas de alta-costura, feitas sob medida exclusivamente para seus clientes pop stars. Era também um grande colecionador de arte de vanguarda. Sua irmã Donatella Versace o sucedeu.

Os conglomerados de luxo

Começam a surgir nos anos 1990 os grupos financeiros que investem nas antigas maisons francesas (casas de alta moda), revigorando-as com novos criadores. Esses grupos, entre o fim da década de 1990 e o início dos anos 2000, passam a ser conhecidos como conglomerados de luxo, sendo o mais famoso o LVMH Möet Hennessy – Louis Vuitton.

A moda da década

Ao contrário dos anos 1970, quando um homem de camiseta regata e calça boca de sino estava vestido com o look da época, os anos 1990 começam se fragmentando em mil estilos.

A roupa de grife não mais privilegia a ostentação dos anos 1980, e sim o conforto e a sofisticação. A caxemira, por exemplo – produto luxuoso, para poucos que podiam pagar por ele –, tornou-se bastante acessível quando misturada com algodão, em lojas comerciais e nas de *fast fashion*, embora continue a ser um item caro e exclusivo.

No Brasil, os segmentos do jeanswear e da moda praia cruzaram fronteiras, ganharam novos mercados e chamaram a atenção das grandes marcas internacionais. Olheiros especializados em detectar tendências de moda começaram a frequentar nossas praias. Ambos os segmentos, desde os anos 1970, vinham se fortalecendo com uma identidade brasileira sem, necessariamente, exibir coqueiros, mulatas e bumba-meu-boi nos temas das coleções, muito pelo contrário. O jeans e a moda praia *Made in Brazil* têm identidade que virou referência para o mercado estrangeiro.

O estilista americano Tom Ford reinventou a marca italiana Gucci – que estava no ostracismo e no vermelho –, tornando-a não apenas marca de moda para os homens que desejavam qualidade, como também agregando à marca o status de conglomerado de luxo.

Miuccia Prada transformou um negócio familiar de malas e bagagem na mais desejada marca de moda da década ao combinar o espírito artesanal italiano com a tendência, por volta da metade do decênio, de novas fibras artificiais de alta tecnologia têxtil. O homem confirma o desejo pela moda e, ao mesmo tempo, marcas de bolsas de viagem como Louis Vuitton, Mandarina Duck e Samsonite passam a produzir linhas de roupas. Foi a era das linhas de difusão, ou seja, marcas mais baratas embutidas em nomes famosos como Emporio Armani, Donna Karan e DKNY, voltadas para um público mais jovem e com menor poder de compra, mas nem por isso com menos senso de estilo.

O estilista americano Tommy Hilfiger teve a marca exposta pelo público do hip-hop contra seus interesses e alvos originais: um homem sofisticado e Wasp, seguindo a corrente de Ralph Lauren. Então, deu a volta por cima, assumiu o novo público, criou uma linha de ternos e outros produtos de alfaiataria inspirada na Saville Row, cuja marca é a Blue Label. (Observem que eu disse "inspirada", mas não com a qualidade do *bespoke* da tradicional rua londrina agora revigorada.) Diversificou em jeans e roupa esportiva para os clientes ligados no rock, e criou uma linha Red Label que dava ênfase às jaquetas de couro. O modelo para o lançamento da linha Blue Label foi David Bowie, com a participação da sua mulher Iman, em uma campanha milionária que bombou em todas as mídias.

Talvez em razão de tanta democratização de estilos, o homem que comprava Gucci e Prada em meados da década passou, mais para o final, a investir em marcas mais exclusivas e menores, como Raf Simons. Estilista belga, Simons – que já foi citado várias vezes neste livro – tinha verdadeira obsessão pelo estilo de roqueiros dos anos 1970 e 1980, como os sempre elegantes e selvagens David Bowie e Brian Ferry. Suas roupas privilegiavam a nova silhueta para homens magros.

Na metade da década de 1990 os uniformes militares e os de trabalho superaram a inspiração esportiva, em popularidade desde os anos 1980. Começou uma verdadeira explosão de roupas cargo e utilitária. Marcas de skate e surfe, como Quicksilver, Vans e Stussy, ainda atraíam a atenção dos jovens. Aos poucos, no início dos anos 2000, os segmentos de surfwear e skatewear passam a ser chamados apenas de *street* e apostam em estilo mais cosmopolita e menos concentrado em nichos específicos. Um homem pode editar um visual combinando, por exemplo, calça e tênis de skatewear e camiseta de surfwear com paletó e chapéu da linha de roupas esportivas.

A alfaiataria sob medida – ou quase isso – contra-ataca

Pouco menos de duas décadas de roupas de grife, alguns homens, para escapar do estigma de *label freaks* (loucos por marcas), voltaram a procurar e redescobrir o prazer dos trajes sob medida em alfaiates. Os ternos *custom made*, *su misura* ou *bespoke* (feitos sob medida) voltam ao guarda-roupa.

Em Londres, a Saville Row apreciou o renascimento de marcas e alfaiates respeitados, que passaram a atrair uma jovem clientela. Quem é ligado em moda sabe que a carreira do estilista inglês Alexander McQueen (1969-2010) começou nessa rua dos alfaiates londrinos e reconhece que o rigor e maestria de sua alfaiataria refletem a passagem por lá.

Em Nova York, a marca Purple Label, de Ralph Lauren, atraiu uma clientela jovem de americanos que tradicionalmente fariam seus ternos na Saville Row. Lauren, durante toda a história de sua marca, trouxe de volta hábitos masculinos tradicionais. Começava a ser badalado o valor agregado de estilo de vida às melhores marcas masculinas.

Os antenados, sempre que possível, substituem a dupla camisa/gravata pela camiseta usada com terno. Tudo muito estudado, mas de alguma forma contrariando o rigor yuppie da década anterior. Por meio dos fabricantes do prêt-à-porter, começa um movimento que valoriza a alfaiataria italiana, elegante e discreta. Nas grandes capitais do planeta, paralelamente às roupas produzidas em larga escala – mesmo sendo de marcas de grifes, caras –, os homens refinados voltam a procurar roupas feitas à mão, nos moldes da alfaiataria tradicional. Assim, dá-se início a uma valorização do traje personalizado, adaptado ao estilo de cada um, que revigora os anos 2000 como uma onda que traz de volta ao cenário da elegância masculina os velhos artesãos, os alfaiates.

Os movimentos de moda para homens começam a acontecer com intervalos cada vez menores. Como vimos nos anos 1980, a alfaiataria tradicional da Saville Row ficou um pouco ofuscada pelo boom do jeanswear e pelo surgimento de nomes de peso-pesado, no prêt-à-porter, como os japoneses Rei Kawakubo, para a grife Comme des Garçons, Yohji Yamamoto e, mais, Helmut Lang, Dries Van Noten, Jil Sander e Giorgio Armani. Os italianos também trazem de volta o gosto pela roupa feita sob medida nos anos 1990.

A silhueta masculina se simplifica, e o homem começa a apostar na qualidade em lugar da quantidade. Os tecidos ditos femininos, como crepes e tafetá, passam a fazer parte do guarda-roupa do homem, junto com as fibras de alta tecnologia, como as microfibras.

O preto e o cinza minimalistas imperam nos ternos executivos, no entanto as cores aparecem nos acessórios, como meias e gravatas, e nas roupas para o lazer. Nem os estilistas mais rebeldes, que brincam com a identidade sexual misturando arquétipos – Jean Paul Gaultier, por exemplo –, conseguiram livrar o homem do visual imbatível nos escritórios: a trinca terno, camisa social e gravata.

Cargo ameaça o jeans

No fim dos anos 1990 o denim, símbolo da juventude rebelde dos anos 1950, estava abalado, apesar do esforço de muitos estilistas para vender jeans de grife, estímulo que já vinha desde a década anterior. A nova ameaça era provocada pelas calças cargo, em sarja, ou chino. Marcas como Gap e Banana Republic começaram a fabricar as próprias peças de combate. Até hoje, as calças e bermudas no estilo utilitário, desenhadas em todas as possibilidades de tecidos – inclusive em jeans – e de silhuetas, são sucesso para homens e ganharam a simpatia das mulheres.

A Levi's, pioneira na história do jeans, foi ofuscada nos anos 1990 por marcas criadas para darem seus recados de tendências, novidade e um forte toque underground, como a japonesa Evisu e a italiana Diesel. Nasce o conceito de jeans premium, que se alastra por todo o mundo.

A Levi's, no entanto, contra-atacou em 1999 com a mudança do foco de suas campanhas, apostando nos jovens rebeldes que gostavam de música e fugiam da polícia. Fez, então, o que seria moda mais tarde, nos anos 2000: o chamado reposicionamento de marca, revendo seus arquivos desde os pioneiros jeans de 1870 até os anos da *beat generation* dos anos 1950.

O mercado das linhas de produtos de esportes explodiu no fim da década, sobretudo o de tênis, e sua catedral virou a Niketown, aberta em Londres, na Oxford Street, em 1999. Dez anos antes, entusiastas como Eddie Prendergast – do grupo de design The Duffer of St. George, que comprou a Adidas e a Puma e depois as vendeu por um imenso valor – geraram o início da paixão pelo look retrô esportivo, o que, em troca, deu um novo sopro de vida à marca britânica New Balance. A guerra americana dos tênis atravessou os anos 1990.

Helmut Lang é clean; Versace é over

O decênio foi o tempo das coleções limpas, de formas simples e do caimento perfeito da alfaiataria impecável de Helmut Lang, Calvin Klein e Donna Karan. Os belgas Ann Demeulemeester e Dries van Noten engrossaram as fileiras dos minimalistas, com van Noten apostando na onda étnica e folk que assolou a moda no fim da década.

Martin Margiela faz parte de uma segunda geração de belgas que invade Paris no fim dos anos 1990, como Raf Simons; portanto, eles não fazem parte do badalado grupo "Os Seis de Antuérpia", que marcou a moda dos anos 1980. Versace passa a apostar no tipo latino, com calças multicoloridas e de estampas geométricas ou étnicas. Acontece o boom Versace até seu assassinato em 1997, quando ele estava no auge, em um momento que o mundo o estava copiando.

Começa a onda dos lofts

A década reforçou um movimento que vinha desde a anterior: o melhor lugar do mundo para se morar é um loft. Os apartamentos gigantescos em prédios que foram, na maioria, antigos armazéns, de pé-direito alto, entraram na moda e acabaram virando uma linha de arquitetura e decoração que persiste nos anos 2000 e cada vez mais e mais.

O homem vai para a cozinha

Mais homens jovens e financeiramente independentes passaram a morar sozinhos e, daí, começaram a se interessar – movidos também pela necessidade – por cozinha, gastronomia e decoração. Assim, toda uma parafernália de espremedores de alho, socadores de temperos, saca-rolhas e muito mais passou a fazer parte de suas vidas e de seu imaginário. Houve um boom dos aparatos de cozinha com o último material tecnológico de ponta. E preços altos. Todavia, o design passou a ser mais masculino, em versões cromadas, em aço ou alumínio escovado, e tudo o mais. Esse foi um caminho sem volta, pois o design voltado para o público masculino foi descoberto pelo mercado que abarrota de anúncios – de aspiradores de pó a geladeiras, moveis e sugestões de gadgets domésticos. A revista americana Esquire tem uma seção de gastronomia na qual se ensina desde o hambúrguer ideal a pratos da cozinha tailandesa, por exemplo, além de entrevistas com chefs, em um papo de homem para homem. Uma boa dica é o livro sobre culinária editado pela GQ francesa: *Must eat! De la nouvelle cuisine à la street food, 45 chefs emblématiques*, de Marie Aline (2013).

O universo masculino começa um retorno aos clubes fechados do início do século. Os palmtops passaram a ser as Fillofax (a agenda da moda da década anterior), os computadores iMac bombaram. Estes, em especial, não só colocaram a Apple de volta ao mapa do hype, como amedrontaram as gravadoras, pois um artifício de mp3 ameaçava o mercado fonográfico. O dispositivo deu o pontapé inicial a uma febre dos anos 2000: internautas baixando música, vídeos e filmes da internet. Por fim, os telefones celulares, até então considerados símbolos de status, começaram a ser acessíveis ao grande público.

Capítulo V - Século XXI

Anos 2000

A virada para o século XXI: a primeira década

A passagem para a segunda década – 2010 até os dias atuais

A moda no século XXI é vertiginosa, rápida, heterogênea, inclusiva e democrática. Tem seguidores cada vez mais famintos e vorazes. Essa moda chega a ser "canibalesca", podemos dizer.

Ser fashion é a última moda. Tal fato evidencia a importância da revolução da comunicação provocada pela internet, que também possibilitou novos formatos de negócios, avanços tecnológicos na produção e distribuição, assim como a mudança da natureza na hierarquia social. Por volta de 2008 o setor teve de investir em soluções criativas para sustentar e competir com problemas financeiros trazidos pela recessão global, fruto da crise econômica mundial. Bem-vindos aos anos 2000: uma odisseia fashion (palavra que o mundo inteiro conhece), tecnológica e de muita concorrência.

Os tradicionais polos lançadores de tendências do século XX – Londres, Milão, Paris e Nova York – testemunharam e foram sacudidos por outros pontos do mundo, turbinados por energia, rapidez de distribuição e criatividade: Bombaim e Nova Délhi, na Índia; Pequim e Hong Kong, na China. Semanas de moda são inauguradas nos quatro cantos do planeta. Novos nomes e novos talentos de moda masculina surgem em Amsterdã, Madri, Lisboa. A Tokyo Fashion Week se recupera economicamente. Os escandinavos entram no calendário, e Estocolmo dá as cartas apostando forte no design, uma expertise que os suecos dominam. Xangai se confirma como entreposto do luxo, Moscou tem grupo de novos designers focados no homem, e a Coreia entra em cena. Entre o fim dos anos 1990 e o início dos 2000, explode o fenômeno *fast fashion*. A Top Shop abre loja em Nova York em 2009. Entre 2010 e 2013, a caravana do luxo – Burberry, Topshop/TopMan, Prada, Zegna, entre outras marcas – aterrissa no circuito Rio-São Paulo-Brasília.

A espanhola Zara é a responsável pelo *high street retailing*, que significa informação de moda em grande escala a preços populares. Tudo começou em 1975 no norte da Espanha, e por volta de 2008 a marca já tinha barrado o fenômeno norte-americano da Gap, com mais de 4 mil lojas distribuídas em mais de sessenta países.

Para maior aprofundamento no assunto anos 2000, sugiro o Capítulo 10, "2000 Planet Fashion", da edição atualizada do livro *Fashion since 1900 new edition* (2010), de Valerie Mendes e Amy de la Haye.

Figura 5.1 - Um traje típico dos anos 2000.

Linha do tempo - datas e notícias

2000
Moda ética, consumo consciente, desenvolvimento sustentável e responsabilidade social passam a ser palavras de ordem. Orgânico é um mantra que rege da moda à gastronomia.

Começa uma verdadeira explosão no mercado de produtos de *skin care* (cuidados com a pele) para homens. Todas as grandes grifes de moda masculina, como Dior Homme, Prada e Kenzo, e os grandes nomes de produtos cosméticos, como a Shiseido, fazem suas apostas.

2001
No dia 11 de setembro, dois aviões pilotados por terroristas colidiram contra as Torres Gêmeas do World Trade Center, em Nova York. A moda pede paz.

2002
O jogador de futebol David Beckham é eleito o modelo de metrossexual pelo jornalista Mark Simpson, criador do neologismo.

2004
Hedi Slimane lança, pela grife francesa Dior Homme, as saias longas para homens. Quarenta e oito anos antes, nosso modernista Flavio de Carvalho havia criado a sua versão em São Paulo; em 1984, o estilista francês Jean Paul Gaultier havia apostado no traje em sua primeira coleção para homens.

Em abril, o americano Tom Ford deixa o grupo Gucci.

2005
A top model Kate Moss é flagrada usando cocaína junto com seu namorado, o roqueiro Pete Doherty, em Londres. É motivo de escândalo em todas as mídias. Na segunda década, após ter perdido muitos contratos, inclusive o da Chanel, a top estreia como a grande musa de tudo e casa de véu e grinalda no campo. Os valores se invertem. Os que "erraram" ganham uma chance de recuperação. Generosidade e indulgência são qualidades que começam a ser praticadas como uma onda da moda. O mundo está sofrendo uma crise econômica e seus reflexos chegam ao Brasil, o país do futuro.

O metrossexual perde força e, com ele, o retrossexual e o übersexual. Vão-se os neologismos, mas ficam o homem, sua moda, seu comportamento e seu estilo de vida – suas conquistas – nas manchetes de todas as mídias.

2006
Surgem novos rótulos categorizando os homens em alfa e beta. São, no entanto, passageiros. A mídia procura o homem sem rótulos, o que já é um rótulo.

2007

David Beckham muda-se para os Estados Unidos com a família, contratado pelo time de futebol Los Angeles Galaxy. Começa um novo tempo para o jogador-celebridade na terra que criou o culto das celebridades. No começo de 2009, o craque foi emprestado para o time italiano Milan. Segundo fofocas de jornais europeus, o modelo de metrossexual não quer voltar para Los Angeles, e sim voltar a jogar futebol sério na Europa.

O Boticário lança O Boticário Men, uma linha de 13 produtos de grooming desenvolvidos exclusivamente para homens. É uma das primeiras empresas brasileiras a criar um blog, o Barba, Cabelo & Bigode, para divulgar a linha Boticário Men. Além de cuidados de grooming, comportamento e serviço são pensados para o homem que trabalha no universo corporativo. Concorre diretamente com a Natura nos nichos dos cuidados masculinos, são as duas maiores empresas nacionais. As linhas masculinas internacionais – Nivea Men, Biotherm Homme, Kiehl's e Vichy – abarrotam o mercado brasileiro. A demanda aumenta ao longo dos anos 2000. Em 2013 nasce a Dr Jones, outra marca de grooming 100% brasileira, e a Gillette aposta em produtos multiação: xampu, hidratante e sabonete líquido no mesmo produto, no mesmo frasco. O homem valoriza a praticidade.

2008

No dia 6 de janeiro um dos homens mais ricos do planeta declara ao mundo a sua aposentadoria. Trata-se de Bill Gates, fundador, dono e presidente da Microsoft. O fato acontece em uma feira internacional de aparelhos eletrônicos, em Las Vegas, a International Consumer Electronics Show. Na estrada e trabalhando desde os 17 anos, Gates promete dedicar-se apenas a causas filantrópicas e ao comando de sua Fundação Bill e Melinda Gates. Outro fato importante, assinalado no evento, foi a declaração de Bill Gates – considerado papa do ciberespaço – sobre a Segunda Década Digital, iniciada em 2008 e com foco nas pessoas. Interagir será o verbo conjugado em todas as áreas: dos relacionamentos aos negócios.

Em fevereiro, aconteceu em Paris a Première Vision, uma das maiores feiras de tecidos e tendências frequentada pela nata da moda internacional e nacional. Nesta, o homem foi tema de uma superpalestra, com o nome de Masculin Pluriel – Men & Fashion/The Future, que promete abrir alas para a pesquisa sobre a identidade do macho contemporâneo – já batizado simplesmente de homem –, não importando seu direcionamento sexual. Para aqueles que ainda duvidam da exposição/visibilidade do homem no negócio de moda, o evento foi consistente a respeito de temas para reflexão. Para aqueles que labutam no mercado de moda masculina, os organizadores prometem gerar verdadeiras ferramentas para a construção do futuro da moda do homem. Vivemos a era globalizada. O que se discute lá é ouvido e pode ser aplicado e discutido aqui.

Também em fevereiro, a ex-supermodel, cantora e compositora Carla Bruni se casa com o presidente francês Nicolas Sarkozy. Passa a ser primeira-dama, com dupla cidadania: italiana e francesa. Os franceses têm de aceitar uma primeira-dama que já posara nua.

Em setembro, o setembro negro, os Estados Unidos assumem uma crise econômica maior que a de 1929.

2009

Em janeiro, o mundo aplaude a posse de Barack Obama, primeiro presidente negro dos Estados Unidos. Em 2013 ele é reeleito. Na posse, Michele Obama usa um vestido da linha feminina de Thom Browne, lançada em 2012. Polêmico estilista norte-americano, Browne é o responsável pelas mudanças sartoriais, comportamentais e de formato e silhueta do terno executivo contemporâneo.

Ainda em janeiro, uma empresa de publicidade em Londres faz uma pesquisa e reedita o modelo do retrossexual, antepondo-se ao finado metrossexual, para campanha de desodorante masculino. O mercado precisa de modelos. Vai começar tudo de novo? A pergunta fica no ar. Um pouco mais tarde, voltam neologismos inspirados nos originais, mas não duram ou emplacam por tempo limitado.

Em fevereiro, durante a London Fashion Week, o tradicional British Fashion's Council – que regula a moda britânica – decretou que a partir da edição inverno 2009-10 a moda masculina teria um dia exclusivo na semana de moda londrina. A quarta-feira, dia 25 de fevereiro, foi um dia superimportante para a moda dos homens, desfilada em Londres. Isso aconteceu apesar da crise econômica e foi batizado de London Men's Week(end), que deu o pontapé à London Collections Men, evento exclusivo com foco no homem, separado da London Fashion Week, desde então somente para moda feminina e em outra data.

Acaba a revista *Men's Vogue*. Para de ser publicada a menina dos olhos da poderosa Anna Wintour, diretora criativa da Condé Nast e editora da Vogue norte-americana.

Tom Ford aposta no cinema com seu primeiro longa-metragem, *A single man*, que chega aos cinemas brasileiros como *O direito de amar*. O filme recebe quatro indicações para o Oscar de 2010.

2013

Na nova versão do filme *Superman: o homem de aço*, o herói dos quadrinhos na pele de Clark Kent usa decote V e bolsa estilo carteiro, pedalando sua bicicleta para ir trabalhar, de terno (cores e padrões da moda), no *Planeta Diário*. Golpe final, acredito, para os que ainda tinham dúvidas quanto à legitimidade máscula do *V-neck* e da bolsa no cenário masculino.

A passagem para o século XXI

Os anos 2000 começam marcados pela explosão das Torres Gêmeas do World Trade Center, em Nova York, no dia 11 de setembro de 2001. O mundo parou. A moda reagiu. As roupas camufladas, que estavam nas vitrines, são a prova de que os estilistas já vinham falando de violência em suas coleções. Aos poucos, até o fim do ano, as roupas de guerra acabaram sendo trocadas pelo branco. A moda pediu paz.

A primeira década do século XXI termina com uma crise econômica que apavora o mercado fashion internacional e nacional. É hora de a moda encontrar saídas, apostar em novas estratégias; a internet chega ao grande público e com ela, aos poucos, a informação de moda em tempo real. O que apresentamos a seguir é um patchwork dos acontecimentos que marcaram o primeiro decênio. Uma "colcha de retalhos", em bom português, clipada de jornais, sites, blogs, revistas de moda e livros. Vamos lá.

A mídia não deu muita bola, mas foi em 2002 – com o artigo "Meet the Metrosexual", publicado na revista on-line inglesa *Salon* – que o jornalista inglês Mark Simpson, autor do neologismo, nomeou o jogador de futebol inglês David Beckham o metrossexual modelo. Aí aconteceu o boom do conceito do homem vaidoso, editando um novo personagem masculino de consumo, sucesso absoluto em todas as mídias. Lembramos que, na seção sobre a década de 1980, a onda "newmania" já havia fornecido ferramentas para Simpson. Desde o início dos tempos, o homem sempre foi vaidoso.

No século XX a mulher garante seu espaço na sociedade: começa conquistando o direito de voto, participa da Revolução dos Costumes nos anos 1960 e se libera sexualmente; mais adiante, queima sutiãs em praça pública. Ganha a minissaia para provar seu poder de sedução e a pílula anticoncepcional. Nos anos 1980 exibe seu *power dress*, com ombreiras, e vai aos poucos adentrando os altos escalões corporativos.

No fim do século, a mulher já está empatada com ele no quesito poder, como podemos dizer, no universo corporativo internacional. Em questão de estilo, ela se apropriou de quase todas as peças do guarda-roupa masculino, a começar pelas calças logo no princípio do século, chegando ao smoking, ao terno e às jaquetas de couro, pelas mãos de Yves Saint Laurent, nos anos 1970. Na década seguinte, o estilista italiano Giorgio Armani entrou na onda e se incumbiu de reforçar todos esses itens no closet da executiva independente, mas nem por isso menos feminina, dando a ela o seu caro "terninho Armani". No fim do século, nem as cuecas escaparam do ex-sexo frágil. O estilista Calvin Klein ataca com um anúncio de underwear masculino e feminino, e usa a dupla Marky Mark (Mark Wahlberg) e Kate Moss, que estreou a "cueca feminina", em um anúncio que marcou sua época.

Por volta de 2009 começou a febre do estilo "boyfriend" – roupas femininas com jeito masculino. Nos anos 1930, de férias na Riviera francesa, Chanel usou calças de linho de seu namorado inglês com alpargatas e camiseta. Algo mais "namoradinho"?

Após toda essa saga, podemos concluir que os globalizados anos 2000 começam como uma era de paz nos closets de homens e mulheres: elas ganharam o terno; eles, a saia. Não existe item do guarda-roupa masculino que não tenha sido "confiscado" por elas. O homem já vestiu saia e incorporou tecidos como o shantung a suas roupas. Nas coleções masculinas internacionais para o verão 2009, no hemisfério norte, os tecidos leves e transparentes usados na lingerie feminina foram tendência para os homens.

Capítulo V - Século XXI

No século XXI, contradizendo o que aconteceu no passado século XIX, o macho – agora chamado apenas de homem – exige mais espaço nas mídias para falar de sua moda e de seu comportamento. Em 2013, os grandes, e ricos, jogadores de futebol provocam verdadeiro frisson em todas as mídias por causa de seus trajes ao receber prêmios.

O homem na moda

Já na entrada do século XXI, o homem, seu comportamento e seus paradoxos passam a ser objeto de pesquisa e estudos. A moda masculina está na moda. O preconceito contra o homem fashion continua, mas ele quer atenção. E vai ganhando, aos poucos. Na primeira metade da década de estreia do terceiro milênio, o metrossexual diz: "Sou vaidoso, e daí?" Já no começo da segunda metade, o homem sem rótulos pergunta e responde: "Vaidoso, eu? Nada a ver." Assim, vemos que os movimentos de comportamento masculinos acontecem cada vez com maior rapidez. Essa tendência já existia desde o fim do século XX, quando começou o que podemos chamar de revolução da informação.

O homem levou mais de duas décadas para assumir por completo o uso de brincos, piercings e uma profusão de tatuagens. Por sua vez, o metrossexual durou de 2002 a 2005, metamorfoseando-se em retrossexual e übersexual no mínimo espaço de tempo de três anos. Os especialistas em marketing garantem que homem vende. Sacaram também que, apoiado por sua mulher, filha, namorada, amiga ou namorado, o homem compra. O próximo passo é fazer com que o homem médio, comum, tenha autonomia e passe a escolher, ele mesmo, suas roupas, seus cremes e suas loções. Esse é o grande desafio para os criadores de moda e especialistas da indústria cosmética, e também um longo caminho pela frente.

O que é grooming? Com o grande espaço aberto para o homem em todas as mídias, dá-se uma verdadeira explosão de divulgação dos cuidados de grooming, o uso regular dos produtos cosméticos de higiene e beleza, exclusivamente masculinos. Grooming vem de groom, que significa tanto noivo em inglês quanto enfeitar. Logo, o noivo se enfeita para sua mulher e seus convidados no dia de seu casamento, ele faz grooming. A palavra serve para definir também o hábito que os felinos têm de se limpar, lambendo o pelo.

Quase todas as marcas voltadas para o homem lançam suas apostas de produtos de *skin care*, que vão de cremes para antes, durante e depois do barbear até os antienvelhecimento e para hidratação. A área dos olhos é o ponto fraco da rapaziada e um dos primeiros sinais de envelhecimento. Homem não acredita em "rugas de expressão", e sim no tempo castigando o corpo.

A moda da primeira década do século XXI

Desde o fim da década de 1990, os estilistas que fazem roupas para homens vão buscar inspiração nos manuais de estilo e elegância e na alfaiataria clássica dos anos 1920 aos anos 1960. Como vimos, desde os anos 1980 a antropofágica moda começou a passar a limpo todas as décadas do século XX, por falta de alternativas mais criativas. Ralph Lauren, por exemplo, deu ao americano médio o estilo aristocrático dos ingleses.

Depois de tempos de hippies, punks, homens de saia e maquiados, o varão elegante, de acordo com os antigos padrões e normas do bem-vestir, afinal volta à moda nos anos 1990. A transgressão descarada fica mais sutil, sendo considerado um bom exemplo o do estilista inglês Paul Smith que, com uma alfaiataria impecável mas nada *bespoke*, e sim ready-to-wear (pronta para ajuste e uso), brinca com cores, detalhes e materiais, editando um homem clássico sem ser careta.

Gianni Agnelli (1921-2003), proprietário da Fiat, foi um dos grandes lançadores de modismos, como o foi o duque de Windsor. Agnelli era craque em misturar listras com poás e outros padrões tradicionais, como o *pied-de-poule*. Também usava o relógio sobre o punho da camisa social, moda seguida pelos homens estilosos e elegantes de plantão.

Apesar da explosão da cultura das ruas, que teve seu auge nos anos 1990, a alfaiataria italiana e a Saville Row voltam à moda e muitos jovens empresários de todo o mundo rumam para lá à procura de exclusividade. Astros do hip-hop, como Puffy Daddy, lançam grifes masculinas e investem na alfaiataria. Em Nova York, a marca Sean John, de Daddy, pode ser encontrada em lojas multimarcas de renome, ao lado de ternos de Calvin Klein, Donna Karan e Hugo Boss, para citar alguns. O rapper e produtor Jay Z., sempre elegantíssimo de terno, está entre os homens mais bem vestidos escolhidos pela revista norte-americana GQ há pelo menos cinco anos. O rapper Kanye West ganhou status de *preppy icon* ou de *rapper dandy*.

Alguns conhecidos nomes da tradicional rua londrina, a Saville Row, passaram por um processo de reposicionamento para se adaptar à nova clientela, que, em sua maioria, não faz parte das antigas famílias aristocratas cujos nomes estão nos livros de medidas. As grifes poderosas da moda prêt-à-porter, no entanto, não querem perder esses clientes com orçamento para comprar roupas. Dá-se, assim, uma verdadeira explosão de serviços exclusivos, *custom made* ou *su misura*, que vão de Giorgio Armani a Ralph Lauren, passando por John Galliano e Alexandre McQueen até Paul Smith. De olho nesse mercado, Tom Ford, em carreira solo, investe pesado.

Capítulo V - Século XXI

Algumas coisas que o homem contemporâneo não pode deixar de saber antes de encarar o século XXI

1. A silhueta seca e curta: de Hedi Slimane e Thom Browne

A silhueta ajustada (*slim fit*) dos ternos executivos, com paletós mais curtos e calças mais justas, acabou sendo batizada pela mídia de moda como silhueta seca. Isso começou no fim dos anos 1990 e ganhou força e adeptos na primeira metade da primeira década dos anos 2000. Tanto o estilista Hedi Slimane, para a grife francesa Dior Homme, quanto outros criadores conhecidos como os da escola belga são os responsáveis pelo modismo que impôs a ditadura dos corpos perfeitos, mas magros – secos como a tal silhueta.

Figura 5.2 - A silhueta curta de Slimane e Thom Browne.

No dia 30 de janeiro de 1996, Suzy Menkes, editora de moda do jornal *International Herald Tribune*, apontou uma corrente de alfaiataria que ela batizou de alta-costura para homens. Na matéria "Cut, color and class: male haute couture", ela relata que todos os estilistas importantes na semana de moda masculina em Paris para o inverno 1996/1997 apostaram nos ternos de cortes impecáveis, que valorizavam o corpo, em materiais nobres. Os paletós secos – ajustados e limpos de detalhes – e curtos são destaque.

Esse tipo de abordagem, com tanto glamour valorizando o corpo, era privilégio das mulheres. Como Suzy Menkes ainda conta, o estímulo criativo que bomba na capital francesa não vem de seus criadores nacionais – com exceção de Jean Paul Gaultier –, e sim do inglês Paul Smith, dos belgas Dries van Noten e Dirk Bikkembergs, da alemã Jil Sander, do austríaco Helmut Lang, dos italianos Miuccia Prada e da dupla Domenico Dolce e Stefano Gabbana (para Dolce & Gabbana). Assim nasceram as raízes de um visual curto e justo que explode na década seguinte para a Dior Homme, turbinado por Slimane e copiado (ou seguido como tendência) por todo o mundo. Nos anos 2000, o americano Thom Browne começou uma verdadeira saga, propondo e reposicionando a silhueta mais ajustada, o paletó mais curto e as bainhas "pescando siri" (*high waters*). Só não foi previsto que tais alterações de formato gerariam um verdadeiro tsunami sartorial: o terno considerado armadura e roupa careta ganhou status de cool, e o planeta fashion masculino presenciou em 2013 o nascimento do terno executivo do século XXI. Vale lembrar, porém, que o primeiro formato de um traje de três peças – terno, em português – no mesmo tecido, cor e padrão foi criado por um alfaiate anônimo do rei Luís XIV em sua residência oficial de governo: o palácio de Versalhes, no século XVII.

2. A onda do vintage como mania e livro sobre vintage para homem

A memória da moda do passado, em contraponto com o presente, promoveu uma série de reflexões nos cenários culturais, artísticos e até mesmo políticos entre o fim do século XX e o início do XXI. A preponderância dos estilos retrô estimulou os criadores a vasculharem bazares de caridade e brechós à procura de peças originais. Começou, desse modo, outra corrente de moda que explode nos anos 2000, a vintagemania ou mania das roupas antigas de outras décadas. As peças novas, lançadas, passaram a ter cara de usadas e confortáveis. Verdadeira febre estilística, a tendência se fez sentir mais forte no segmento feminino, mas não deixou os homens na mão, sobretudo os descolados ingleses.

No jornal *Use Fashion*, edição brasileira de setembro de 2005, a matéria "Vintage Forever" trata de Londres estar tomada por jovens que buscam nos brechós de Camden Town a exclusividade que as grandes marcas de hoje em dia não dão. De acordo com a matéria, o gerente de uma das muitas lojas transadas do lugar diz que usar vintage é a maneira encontrada pelas pessoas para fugir da mesmice que se tornou a moda high street (em uma referência à alta e cara moda, com influência do estilo das ruas). Continua, afirmando que o vintage é a única opção para expressar individualidade, em peças que serão sempre exclusivas. Em 2012, o livro *Vintage menswear: a collection from the vintage showroom*, de Douglas Gunn, Roy Luckett & Josh Sims, descreve e detalha peças de várias décadas, verdadeiras preciosidades de colecionadores.

3. A onda premium

O início do século XXI testemunhou, na onda da exclusividade e da individualidade, uma verdadeira explosão premium. Tudo é premium: de bancos a jeans, passando até por bancas de revistas. Em bom português, o premium vem a ser o melhor, o exclusivo. As bancas de jornal classificadas com o rótulo também vendem livros, DVDs e CDs, e muitas têm até um bistrô e funcionam 24 horas.

No caso dos jeans, tudo tem a ver com lavagens e até mesmo tiragens exclusivas, edições limitadas, peças numeradas e outros serviços que tornam o traje único. Daí os preços dos jeans premium serem tão altos.

4. Roupas de alfaiataria

Em alguns capítulos, apontamos as origens dos alfaiates e sua importância vital para a moda desde o período entre os séculos XII e XIV, quando surgiram as guildas – ou corporações de ofício – e as roupas começaram a mudar periodicamente. Testemunhamos ao longo da história dos costumes o aprimoramento das técnicas de alfaiataria. Vimos também que no século XVII os alfaiates do rei francês Luís XIV tiveram a ideia brilhante de fazer as três peças de seu traje no mesmo tecido, cor e estampa, editando o que seria mais tarde o terno executivo. Também ficamos sabendo que alguns ingleses defendem a autoria do terno executivo para o rei Charles II (1630-1685).

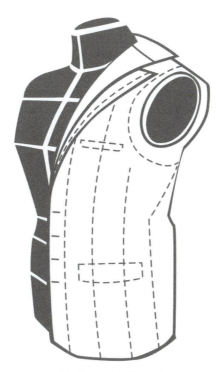

Figura 5.3 - Um busto de alfaiataria com terno.

O livro *The boutonnière: style in one's lapel*, de Umberto Angeloni, de Brioni, aborda a tradicional arte de enfeitar com flores a lapela de um cavalheiro. Chama-se *boutonnière* a tal hábito que vem de muitos séculos. Outro aspecto interessante do livro é a viagem pela moda masculina. Quando chegamos à passagem do século XIV ao XV, descobrimos que nesse tempo histórico os alfaiates na Europa inventaram um elemento importante que mudou a silhueta das vestimentas. Esse elemento, logo depois, viria a impulsionar a moda pelos quatro cantos do planeta.

Tal período aconteceu entre os anos 1390 e 1430, o fim da Idade Média e o início do Renascimento, e teve um valor sem precedentes na evolução da indumentária masculina e também da feminina. Foi quando um alfaiate até então desconhecido, mas que entrou para a história, causou uma verdadeira revolução ao inventar as mangas. É isto mesmo: mangas com extremidades curvas que se encaixavam nas curvas das cavas dando movimento a muitos itens do vestuário, o que marcou o começo de uma nova fase da alfaiataria. Desse modo, ocorria a entrada na era do corte, com mais precisão da silhueta. Até esse momento, as vestimentas de ambos os sexos tinham a forma de um camisolão, mais ou menos sofisticado, de origem oriental.

A invenção, que serviu primeiro a reis e nobres mas acabou chegando aos camponeses, assinala a entrada no Renascimento, quando os corpos passaram a ser moldados e revelados pela roupa que durante todo o período da Idade Média os escondia.

No século XIX constatamos a importância que o dândi Beau Brummell dava a seus trajes, chegando até a promover o alfaiate que os concebia com perfeição e os confeccionava com acabamentos impecáveis. Vimos também a história da Saville Row, a rua londrina dos melhores alfaiates do mundo, e aprendemos que *custom made* e *bespoke* são trajes confeccionados sob medida, com as mais perfeitas técnicas de alfaiataria.

Nos anos 1990, depois da explosão da cultura e da popularização das roupas prontas das marcas de grife como Giorgio Armani e Ralph Lauren, o alfaiate tradicional – seja o de Saville Row, seja aquele conhecido dos bairros de classe média – quase caiu no ostracismo.

No fim da década, no entanto, com a onda de exclusividade que tomou conta do planeta, os ternos sob medida voltaram à moda, e, desse modo, os alfaiates tradicionais retornaram à cena masculina. No início dos anos 2000 esses artesãos voltaram a ser valorizados e as grandes marcas, como Giorgio Armani e Ralph Lauren, colocaram serviços especiais – feitos à mão – mais caros à disposição de seus clientes especiais. Surgiram muitas grifes caras que prometiam o trabalho exclusivo de seus mestres. Com o sucesso da London Collections Men, as marcas mais tradicionais de Saville Row passaram a apresentar coleções na semana de moda inglesa e provocaram rebuliço no meio por causa da alfaiataria de verdade feita para um público maior.

De olho no lance, todas as mídias que falavam do homem citavam suas roupas de alfaiataria como uma contração da expressão "roupas confeccionadas com as técnicas de alfaiataria". O segmento do streetwear começou a produzir bermudas de surfe (*board shorts*), por exemplo, em tecidos sofisticados e usados anteriormente em ternos ou roupas mais formais, como o risca de giz. E foi então que nasceram as bermudas de surfe de alfaiataria, mas com tecidos adequados para seu uso, como a sarja com estampa risca de giz.

Capítulo V - Século XXI

As calças formais – calças de alfaiataria – começaram a ser misturadas com roupas mais esportivas, seguindo a moda que vinha das ruas. Dessa maneira, quando o crítico escreve após um desfile que "adorou as peças de alfaiataria", podemos dizer que ele apreciou os trajes que, mesmo sem terem sido confeccionados por um alfaiate, repetem, no mínimo, sua técnica de corte, proporções e acabamento. Assim se define, então, uma boa "roupa de alfaiataria".

Tempos de crise

A quantas anda o universo do homem do século XXI? O momento é de pausa para reflexão. Na crise econômica mundial que estourou no final de 2008 e no começo de 2009, já era possível sentir sua presença nos desfiles masculinos para o inverno 2010 no hemisfério norte, realizados no mês de janeiro em Milão e Paris. Segundo os críticos e os maiores compradores, os italianos apresentaram coleções mais comerciais. Já os criadores que lançam na capital francesa ousaram mais, mas a grande onda é que as marcas consideradas de vanguarda trataram de apresentar, com muita criatividade, roupas mais usáveis, mas nem por isso menos fashion.

A palavra de ordem nesse momento confuso para o mercado de luxo com foco nos homens é o básico, com diferencial de qualidade e promessa de durabilidade.

Nos Estados Unidos, polo irradiador da crise econômica, muitas marcas de moda jovem para homens começaram a apostar em linhas femininas. Nomes de destaque no nicho de novos talentos, como Duckie Brown, Band of Outsiders, Obedient Sons and Daughters e Rag & Bone, são bons exemplos. Em Paris, Kris van Assche, diretor criativo da Dior Homme na linha que leva seu nome, investe também nas meninas. Na contramão dessa corrente, as gêmeas Olsen, como são conhecidas as atrizes e celebridades de Hollywood Mary Kate e Ashley, lançam um segmento masculino em sua linha de roupas, a The Row. Suas inspirações para o homem contemporâneo? Tom Ford e Lanvin.

O hip-hop, outrora música dos guetos, hoje divulga em seus videoclipes o estilo e a ostentação de riqueza dos rappers. A saudosa revista inglesa *Arena*, no entanto, na edição de janeiro de 2009 publicou a matéria "The last days of hip-hop" (Os últimos dias do hip-hop), em que, ao mesmo tempo que reconhecia sua origem no Bronx e sua conquista no mundo da música, afirmava o início de sua decadência. A matéria cita a riqueza dos rappers, que investiram não apenas em moda mas também em vinho, vodca e até cachorro-quente.

Por todo o planeta o aquecimento global aterroriza, mas a moda, como sempre interagindo com seu tempo, propõe soluções. Nos lançamentos das coleções masculinas para o verão 2009 no hemisfério norte, que aconteceram em Milão e Paris em junho de 2008, a inteligência da moda, reunida, levantou uma questão: em breve, não teremos mais estações definidas. Logo, o verbo fashion da vez será dessazonalizar. Acredita-se que em breve a moda deixará de ser sazonal – lançada de acordo com as estações inverno e verão. Funcionará mais ou menos assim: sairemos de casa com uma roupa que servirá para momentos de calor e de frio em um mesmo dia. A palavra de ordem passa a ser sobreposição. À medida que a temperatura for subindo, vamos tirando algumas peças. Quando esfriar, nós as sobrepomos de volta. O melhor exemplo desse comportamento foi a coleção de verão 2010 da marca inglesa Burberry, na qual havia tecidos amassados com auxílio da tecnologia e com "memória" (se lavados retornam à forma amassada). O que era ficção se tornou, então, realidade? Não é bem assim, já que tudo ainda é experimental, mas daqui a pouco tudo estará nas vitrines. Desse modo, porém, podemos perceber que a moda, em nosso caso a moda masculina, não se cala. Ao contrário, reage. Basta ficarmos ligados.

A importância das referências do passado olhando para o futuro e vivendo o hoje

No final do milênio passado surgiu a revolução da informação, deu-se a explosão da internet. Em seguida vieram os blogs, as mídias sociais e a informação em tempo real, principalmente via smartphones e tablets.

A passagem para a segunda década (de 2009 a janeiro de 2015).
Quem é o pai da criança?
Prováveis origens do terno executivo contemporâneo, de Versalhes a James Bond

Com relação à moda do homem, acredito nas pequenas grandes mudanças que já estão acontecendo: bainhas "pescando siri", sapatos brogue ou Oxford, usados sem meias ou com meias extravagantes, enfim, no jovem repaginando o guarda-roupa de seu pai ou avô, adaptando-o a sua realidade, seu trabalho e tempo histórico.

Hardy Amies, famoso alfaiate de Saville Row, disse que "o terno é única roupa comum a todos os homens do mundo". Desde a primeira década deste início do século XXI achamos que já é hora de esse traje sofrer mudanças, repito. No livro *ABC of menswear* (2007), de Hardy Amies, o alfaiate revela – entre outras dicas bacanas – que "um homem deve mostrar que usou sua inteligência ao comprar suas roupas, que as vestiu com cuidado e atenção e, ao sair à rua, esqueceu-se do que estava trajando". Isso significa estar seguro de que se vestiu de maneira correta.

Estilistas como Miuccia Prada, Jil Sander, Raf Simons e Alexandre McQueen (1969-2010), que tiveram treinamento na Saville Row, apenas para citar nomes de peso, esmeram-se em emplacar o conceito do que será o *business suit* dos anos 2000. Por enquanto, porém, são apenas experimentos. O novo terno, na realidade, só será encarado como tal quando todos – eu disse todos – os homens de negócios, políticos, autoridades e até mesmo o clero, enfim, todos os homens do planeta o adotarem, como o fez a classe média em 1900 com o modelo de três botões, cuja silhueta se mantém como base até hoje.

Acredito que estejamos perto do momento histórico da virada do terno executivo. Ao subir as bainhas e mexer na silhueta, o norte-americano Thom Browne conseguiu fazer com os homens – incluem-se aí os de negócio – o que Mary Quant fez com a minissaia, que, junto com a pílula anticoncepcional, ajudou a mulher a encarar a Revolução dos Costumes dos anos 1960. Contudo, o mais importante para o estilista será a adoção de seu estilo por todo o mundo, pobres e ricos, magros, esbeltos e também gordos.

Capítulo V - Século XXI

Vale lembrar que o maior difusor do estilo proposto por Browne é o Instagram, a número um entre as mídias sociais dos bloggers que divulgam, retratam e comentam bainhas curtas, sapatos sem meias (mesmo no inverno do hemisfério norte), ternos e paletós de abotoamento duplo (o novo design do antigo "jaquetão"), assim como toda a renovação dos antigos clássicos do guarda-roupa masculino, dos chapéus às meias. O mais importante é que as mídias sociais documentam historicamente e dividem com o mundo o princípio de uma grande mudança nos trajes do homem do século XXI.

Outro aspecto bastante marcante deste tempo é a definitiva consagração de que as ruas determinam as tendências, como já havia sido anunciado pelo verdadeiro craque na catalogação das tribos urbanas e seus trajes, o antropólogo Ted Polhemus.

Repetindo o que disse na introdução, acredito que o livro **400 anos de moda masculina** possa ajudar muitos blogueiros, como cronistas de seu tempo, fornecendo-lhes uma panorâmica sobre o fundamento da moda masculina contemporânea que é gerado no período histórico focado aqui, que vai do século XVII ao XXI, de Luís XIV ao segundo mandato de Barack Obama.

Figura 5.4 - Barack Obama.

Neste livro, o nosso terceiro personagem aparece de modo discreto a impor suas modificações, dessa vez estratégicas e políticas à sua vestimenta, retomando um movimento que começou com Luís XIV, quando o seu traje foi copiado por todo o mundo.

O terno executivo do presidente Barack Obama, citado de leve neste livro, foi criado estrategicamente por seu alfaiate particular, rendeu milhares de matérias como resultado de seu estilo mais curto que proporcionava movimentos estratégicos, mas de maneira diferente daquele proposto por Thom Browne.

O terno de Obama, na verdade, retoma o poder de Luís XIV com a mobilidade estratégica de nossos dias: mais curto, oferecendo mais movimento e enaltecendo a figura do homem à frente do país mais poderoso do século XXI.

Referências bibliográficas

ALISON, Jane. *Jam: Style/Music/Media*. Prefácio de Jane Alison. Londres: Barbican Art Gallery, 1996.

ALZER, Luiz André & CLAUDINO, Mariana. *Almanaque anos 80: lembranças e curiosidades de uma década muito divertida*. Rio de Janeiro: Ediouro, 2004.

AMBROSE, Gavin & HARRIS, Paul. *The visual dictionary of fashion design*. Nova York: Ava, 2007.

AMIES, Hardy. *ABC of men's fashion*. Londres: V&A, 2007.

ANGELONI, Umberto. *The boutonniere style in one's lapel*. Nova York: Universe, 2000.

ANTONGIAVANNI, Nichollas. *The suit: a machiavellian approach to men's style*. Nova York: Harper Collins Publishers, 2006.

AOKI, Shoichi. *Fresh fruits turtleback*. Londres: Phaidon Press, 2005.

_____. Fruits. Londres: Phaidon Press, 2001.

ARNOLD, Rebecca. *Fashion, desire and anxiety*. Nova York: L.B. Tauris, 2001.

ASHWORTH, Chris & FLETCHER, Neil. *Ray gun: out of control*. Londres: Simon & Schuster Editions, 1997.

BACLAWSKI, Karen. *The guide to historic costume*. Londres: B. T. Batsford, 1995.

BAHIANA, Ana Maria. *Almanaque anos 70: lembranças e curiosidades de uma década muito doida*. Rio de Janeiro: Ediouro, 2006.

BAILLEUX, Nathalie & REMAURY, Bruno. *Modes & vêtements*. Paris: Gallimard, 1995.

BALET, Catherine. *Identity: dress codes in European schools – London/Paris/Berlin/Barcelona/Milan, January 2004 - April 2006*. Londres: Steidl, 2006.

BAMFORD, Laura. *Leather jackets*. Melbourne: Hamlyn, 1997.

BARD, Christine. *Une histoire politique du pantalon*. Paris: Seuil, 2010.

BAUDOT, François. *Moda do século*. São Paulo: Cosac & Naify, 2000.

_____. *The allure of men*. Nova York: Perseus Distribution Services, 2000.

BEATRICE, Luca & GUARNACCIA, Mateo. *Vivienne Westwod shoes*. Bolonha: Damiani Editore, 2006.

BENAÏM, Laurence. *Pants: a history afoot*. Paris: Les Éditions de L'Amateur/Vilo Publising, 2001.

BENSIMON, Kelly. *American style*. Paris: Assouline, 2004.

BENSON, Eliane & ESTEN, John. *A brief history of underwear: unmentionables*. Nova York: Simon & Schuster Editions, 1996.

BENT, James. *Asian street fashion*. Londres: Thames & Hudson, 2014.

BERTHERAT, Marie. *100 ans de mode*. Paris: Éditions Atlas, 1995.

BERTHERAT, Marie & HAILEUX, Martin de. *100 ans de lingerie*. Paris: Éditions Atlas, 1996.

BLOCH, Phillip. *Elements of style*. Nova York: Warner Books, 1998.

BLUM, Stella. *Everyday fashions of the twenties*. Nova York: Doven Publications, 1981.

BOLTON, Andrew. *Bravehearts: men in skirts*. Londres: V&A, 2003.

BOLTON, Andrew, HELL, Richard, LYDON, John & SAVAGE, Jon. *Punk: chaos to couture (Metropolitan Museum of Art)*. Nova York: Metropolitan Museum of Art, 2013.

BONAMI, Francesco, FRISA, Maria Luisa & SIMONS, Raf. *The fourth sex: adolescent extremes*. Milão: Charta, 2003.

BONY, Anne. *Les années d'Anne Bony 80*. Paris: Éditions du Regard, 1995.

BOSTON, Lloyd. *Make over your man: the woman's guide to dressing any man in her life*. Nova York: Broadway Books, 2002.

BOUCHER, François. *A history of costume in the west*. Londres: Thames & Hudson, 2004.

BOVIER, Lionel & SLIMANE, Hedi. *Hedi Slimane: anthology of a decade*. Zurich: JRP/Ringier, 2012.

BOYER, G. Bruce. *Fred Astaire style*. Nova York: Assouline, 2004.

BRAND, Jan et al. *The power of fashion: about design and meaning*. Trento: Artez Press, 2006.

BRAUN & SCHNEIDER. *Historic costume in pictures*. Nova York: Dover, 1975.

BREWARD, Christopher, EHRMAN, Edwina & EVANS, Caroline. *The London look fashion from street to catwalk*. Londres: Museum of London, 2004.

BREWARD, Christopher, GILBERT, David & LISTER, Jenny. *Swinging sixties*. Londres: V&A, 2006.

BRIDGES, John. *How to be a gentleman: a contemporary guide to common courtesy*. Tennessee: Rutledge Hill Press, 1998.

Referências bibliográficas

BRIDGES, John & CURTIS, Bryan. *A gentleman gets dressed up*. Tennessee: Rutledge Hill Press, 2003.

BRYAN, Guilherme. *Quem tem um sonho não dança: cultura jovem brasileira nos anos 80*. Rio de Janeiro: Record, 2004.

BUCHET, Martine. *Panama: a legendary hat*. Nova York: Assouline Publishers, 2004.

BURGOYNE, Patrick & LESLIE, Jeremy. *Board: surf, skate, snow graphics*. Londres: Laurence King Publishing, 1997.

BUXBAUM, Gerda. *Icons of fashion: the 20th century*. Munique: Prestel, 1999.

BUZZACCARINI, Vittoria de. *Abito di società*. Milão: IdeaLibri, 1986.

_____. *En chemise! L'Art de la chemise*. Paris: Gentleman Editeur, 1987.

CALASIBETTA, Charlotte Mankey. *Essential terms of fashion*. Nova York: Fairchild Publications, 1986.

CAMPIONE, Adele. *Men's hats: il cappello da uomo*. São Francisco: Chronicle Books, 1995.

CATELLANI, Regina Maria. *Moda: ilustrada de A a Z*. São Paulo: Manole, 2003.

CAWTHORNE, Nigel. *Sixties source book: a visual reference to the style of a new generation*. Londres: Chartwell Books, 1989.

CHAHINE, Nathalie. *100 ans de beauté*. Paris: Éditions Atlas, 1996.

CHAILLE, François. *The book of ties*. Paris: Flamarion, 1994.

CHENOUNE, Farid. *A history of men's fashion*. Paris: Flammarion, 1993.

CICOLINI, Alice. *The new English dandy*. Londres: Thames & Hudson, 2005.

CLANCY, Deirdre. *Costume since 1945 couture, street style and anti-fashion*. Londres: Herbert, 1996.

CONTINI, Mila. *Fashion: from ancient Egypt to the present day*. Nova York: Odyssey Press, 1965.

CORNAND, Brigitte & MARCADE, Bernard. *Les années 50: de a à z*. Paris: Éditions Rivages, 1988.

COSGRAVE, Bronwyn. *Historia de la moda: desde Egipto hasta nuestros dias*. Londres: Octopus Publishing, 2000.

COSTANTINO, Maria. *Men's fashion: in the twentieth century*. Londres: Batsford, 1997.

COUPLAND, Douglas. *Generation X: tales for an accelerated culture*. Nova York: St. Martin's Press, 1991.

CRANE, Diana. *Fashion and its social agendas*. Chicago: University of Chicago Press, 2000.

CUMMING, Valerie & CUNNINGTON, C. W. & CUNNINGTON P. E. *The dictionary of fashion history*. Londres: Bloomsbury Academic, 2010.

DAVIES, Hywel. *Modern menswear*. Londres: Laurence King, 2008.

DE GREEF, John. *Chemises: l'homme et la mode*. Paris: Booking International, 1989.

DE GREEF, John & LONQUET, Isabelle. *Costumes et vestons*. Paris: Booking International, 1989.

DE LA HAYE, Amy. *The cutting edge: 50 years of British fashion*. Nova York: The Overlook Press, 1997.

DE LA HAYE, Amy & DINGWALL, Cathie. *Surfers, soulies, skinheads & skaters: subcultural style from the forties to the nineties*. Nova York: The Overlook Press Woodstock, 1996.

DEBO, Kaat & BRULOOT, Geert. *6+ Antwerp fashion*. Londres: Ludion, 2007.

DEJEAN, Joan E. *The essence of style: how the French invented high fashion, fine food, chic cafes, style, sophistication, and glamour*. Londres: Free Press, 2006.

DELPIERRE, Madeleine. *Le costume de 1914 aux années folles*. Paris: Flammarion, 1997.

DESCHODT, Eric & VAN DORSSEN, Sacha. *So British*. Paris: Editions Du Regard, 2002.

DESLANDRES, Yvonne. *Mode des années 40*. Paris: Éditions du Seuil, 1992.

DESLANDRES, Yvonne & MÜLLER, Florence. *Histoire de la mode au XX siècle*. Paris: Somogy, 1986.

DESMOND, Michael & DIXON, Christine. *1968*. Port Melbourne: Thames & Hudson, 1995.

DIAS, Lucy. *Anos 70: enquanto corria a barca*. São Paulo: Senac, 2003.

DISTER, Alain. *Couleurs 60's colors*. Paris: Editions du Collectionneur, 2006.

DOWNEY, Lynn. *Levi Strauss & Co*. Chicago: Arcadia, 2007.

DYER, Rod, SPARK, Ron & SAKAI, Steve. *Vintage ties: of the forties and early fifties*. Nova York: Abreville Press, 1987.

EDELSTEIN, Andrew J. & McDONOUGH, Kevin. *The seventies: from hot pants to hot tubs*. Nova York: Dutton, 1990.

EDWARDS, Tim. *Men in the mirror*. Londres: Cassel, 1997.

ENGEL, Birgit. *Los calzoncillos: hombres*. Colônia: Feierabend, 2003.

_____. *The 24-hour dress code for men*. Berlim: Feierabend, 2004.

ENGELMEIER, Regine & ENGELMEIER, Peter W. *Fashion in film*. Munique: Prestel, 1990.

ESSINGER, Silvio. *Almanaque anos 90: lembranças e curiosidades de uma década plugada*. Rio de Janeiro: Agir, 2008.

Referências bibliográficas

ETTINGER, Roseann. *20th century neckties: pre-1955*. Atglen: Schiffer Publishing Ltd., 1998.

_____. *Mens clothing and fabrics in the 1890's: price guide*. Pennsylvania: Schiffer Publishing Ltda, 1998.

EWING, Elizabeth. *History of twentieth century fashion*. Los Angeles: Quite Specific Media Group Ltd; Revised edition (April 2002), 2002.

FARREN, Mick. *The black leather jacket*. Nova York: Abbeville, 1985.

FINLAYSON, Iain. *Denim: an American legend*. Nova York: Fireside, 1990.

FLOCKER, Michael. *The metrosexual: guide to style*. Cambridge: De Capo Press, 2003.

FLÜGEL, J. C. *A psicologia das roupas*. São Paulo: Mestre Jou, 1965.

FLUSSER, Alan. *Clothes and the man: the principles of fine men's dress*. Nova York: Villard Books, 1988.

_____. *Dressing the man: mastering the art of permanent fashion*. Nova York: HarperCollins, 2002.

_____. *Style and the man*. Nova York: It Books, 2010.

FOGG, Marnie. *Quando a moda é genial: 80 obras-primas em detalhes*. São Paulo: Gustavo Gili, 2014.

FORD, Tom & FOLEY Bridget. *Tom Ford*. Nova York: Rizzoli, 2008.

FOULKES, Nick. *The trench book*. Nova York: Assouline Publishing, 2007.

FRISA, Luisa & TONCHI, Stefano. *Excess: fashion and the underground in the 80's*. Milão: Charta, 2004.

GAVENAS, Mary Lisa. *The fairchild encyclopedia of menswear*. Nova York: Fairchild Books, 2008.

GEORGE, Sophie. *Le vêtement de a à z encyclopédie*. Paris: Éditions Falbalas, 2008.

GIANNINI, Frida. *Gucci: The making of*. Nova York: Rizzoli, 2011.

GIEVES & HAWKES. *One Savile Row: the invention of English gentleman*. Paris: Flammarion, 2014.

GINSBERG, Allen. *Snapshot poetics: a photographic memoir of the beat era*. São Francisco: Chronicle Books, 1993.

GINSBURG, Madeleine. *The hat: trends and traditions*. Nova York: Barron's Educational Series, 1990.

GIROTTI, Eugenia. *Footwear*. São Francisco: Chronicle Books, 1997.

GODOY, Tiffany. *Tokyo street style: fashion in Harajuku*. Londres: Thames & Hudson, 2008.

GODOY, Tiffany & VARTANIAN, Ivan. *Style deficit disorder: Harajuku street fashion*. São Francisco: Chronicle Books, 2007.

GRACE, James. *The best man's handbook*. Londres: Running Press, 1999.

GROSS, Kim Johnson & STONE, Jeff. *Dress smart men*. Nova York: Chic Simple, 2002.

GRUEN, Bob. *Rockers*. São Paulo: Cosac Naify, 2007.

GUILLAUME, Valérie & VEILLON, Dominique. *La mode: un demi-siècle conquérant*. França: Gallimard, 2007.

HACKETT, Jeremy. *Mr. Classic*. Londres: Thames & Hudson, 2006.

HANDY, Amy. *Revolution in fashion: 1715-1815*. Nova York: The Kyoto Costume Institute, 1989.

HARRIS, Alice. *The white T*. Nova York: HarperCollins, 1996.

HARRIS, Carol & BROWN, Mike. *Men's costumes*. Philadelphia: Mason Crest Publishers, 2003.

HARRIS, Jennifer, HYDE, Sarah & SMITH, Greg. *1966 and all that: design and the consumer in Britain 1960-1969*. Londres: Trefoil Books, 1986.

HART, Avril. *Ties*. Londres: Victoria & Albert Museum, 1998.

HARVEY, John. *Homens de preto*. São Paulo: Unesp, 2003.

HAYWARD, Catherine & DUNN, Bill. *Man about town: the changing image of the modern male*. Londres: Octopus Publishing, 2001.

HELLER, Steven & HEIMAN, Jim. *Advertising from the mad men era*. Köln: Taschen, 2012.

HENDRA, Tony & CERF, Christopher. *The 80's a look back: at the tumultuous decade 1980-1989*. Nova York: Workman Publishing, 1990.

HEWITT, Paolo. *The soul stylists: six decades of modernism - from mods to casuals*. Edinburgh: Mainstream Publishing, 2003.

HEWITT, Paolo & BAXTER, Mark. *The fashion of football: from best to Beckham, from mod to label slave*. Edinburgh: Mainstream Publishing, 2006.

HILFIGER, Tommy. *All american: a style book*. Nova York: Universe Pub, 1997.

HILFIGER, Tommy & KEEPS, David. *All american: a style book by Tommy Hilfiger*. Nova York: Universe Publishing, 1997.

HILFIGER, Tommy & LOIS, George. *Iconic America: a roller coaster ride through... American pop culture*. Nova York: Universe Pub, 2007.

HILLMAN, James. *Ermenegildo Zegna: an enduring passion for fabrics, innovation, quality, and style*. Milão: Skira, 2010.

Referências bibliográficas

HOLLANDER, Anne. *O sexo e as roupas: a evolução do traje moderno*. Rio de Janeiro: Rocco, 1996.

HOUGH, Ian. *Perry Boys: the casual gangs of Manchester and Salford*. Lancashire: Milo Books Ltd, 2007.

IRVIN, Kate. *Artist/Rebel/Dandy*. New Haven: Yale University Press, 2013.

JOFFILY, Ruth (org.). *A história da camiseta*. Supervisão de Ana Lucia Bizinover & Sueli Maria Groetzner, Hering, 1988.

JOHNSTON, Lucy. *Fashion in detail: nineteenth-century*. Londres: V&A, 2006.

JONAS, Susan & NISSENSON, Marilyn. *Cuff links*. Nova York: Harry N. Abrams, 1999.

JONES, Dylan. *Haircults: fifty years of styles and cuts*. Londres: Thames & Hudson, 1990.

JONES, Mablen. *Getting it on: the clothes of rock'n 'roll*. Nova York: Abreville Press Publishers, 1987.

JONES, Terry (org.). *Smile ID: Fashion & style – The best from 20 years of ID*. Londres: Taschen, 2001.

KEET, Philomena & MANABE, Yuri. *The Tokyo look book*. Nova York: Kodansha USA, 2007.

KELLY, Ian. *Beau Brummell: the ultimate man of style*. Nova York: Free Press, 2006.

KLANTEN, Robert & EHMANN, Sven. *Hidden track: how visual culture is going places*. Berlim: DGV, 2006.

KNEE, Sam. *A scene in between: tripping through the fashions of UK Indie music 1980-1988*. Nova York: Cicada Books, 2013.

KÖHLER, Carl. *História do vestuário*. São Paulo: Martins Fontes, 2005.

KUGELBERG, Johan & SAVAGE, Jon. *Punk: an aesthetic*. Nova York: Rizzoli, 2012.

LANDIS, Deborah N. *Dressed: a century of Hollywood costume design*. Nova York: Collins Design, 2007.

LAUBNER, Ellie. *Fashion of the roaring 1920's*. Pensilvânia: Schiffer Publishing, 1996.

LAVER, James. *Costume & fashion: revised, expanded and updated edition*. Londres: Thames & Hudson, 1996.

LAZELL, Barry. *Punk! An A-Z*. Prefácio de John Cale. Londres: Hamlyn, 1995.

LEHNERT, Gertrud. *Fashion: a concise history*. Londres: Laurence King, 1999.

_____. *Historia de la moda del siglo XX*. Londres: H.F. Ullmann, 2000.

LENIUS, Oscar. *A well dressed gentleman's pocket guide*. Londres: Prion Books, 1998.

LEVENTON, Melissa. *Costume worldwide: a historical sourcebook.* Londres: Thames & Hudson, 2008.

LOBENTHAL, Joel. *Radical rags: fashions of the sixties.* Nova York: Abbeville Press, 1990.

LORENZ, Mitzi. *Ray Petri Buffalo.* Nova York: PowerHouse Cultural Entertainment, 2000.

LUO, LV & HUIGUANG, Zhang. *Sneakers.* Londres: Liaoning Science and Technology Press, 2007.

LURIE, Alison. *A linguagem das roupas.* Rio de Janeiro: Rocco, 1997.

MacINNES, Colin. *Absolute beginners.* UK: MacGibbon & Kee, 1959.

MACKIE, Alister. *Another man: men's style stories.* Nova York: Rizzoli, 2014.

MACKRELL, Alice. *An illustrated history of fashion: 500 years of fashion illustration.* Londres: Batsford, 1997.

_____. *Shawls, stoles and scarves.* Los Angeles: Batsford Ltd, 1986.

MALOSSI, Giannino. *Material man: masculinity sexuality style.* Nova York: Abrams, 2000.

MANEKER, Marion. *Dressing in the dark: lessons in men's style from the movies.* Nova York: Assouline, 2002.

MANSERVISI, Michela & SCHIANCHI, Francesco. *Under the sign of buttons.* Bolonha: Nueva Libra Editrice, 1993.

MARANGONI, Giorgio. *Evoluzione storica e stilistica della moda.* Milão: S.M.C., 1987.

MARQUES, Toni. *O Brasil tatuado e outros mundos.* Rio de Janeiro: Rocco, 1997.

MARTIN, Richard. *Khaki: cut from the original cloth.* Arena Editions, 1999.

MARTIN, Richard & KODA, Harold. *Giorgio Armani images of man.* Nova York: Rizzoli, 1991.

_____. *Jocks and nerds: men's style in the twentieth century.* Nova York: Rizzoli, 1989.

_____. *Splash! A history of swimwear.* Nova York: Rizzoli, 1990.

MATHARU, Gurmit. *O que é design de moda.* Porto Alegre: Bookman, 2011.

McDARRAH, Fred W. e McDARRAH, Gloria. *Beat generation: glory days in Greenwich Village.* Nova York: Schirmer Books, 1996.

McDERMOTT, Catherine. *Street style: British design in the 80s.* Londres: The Design Council, 1987.

McDOWELL, Colin. *Galliano.* Nova York: Rizzolli, 1998.

_____. *Jean Paul Gaultier.* Londres: Cassel Paperbacks, 2001.

Referências bibliográficas

_____. *Le chapeau et la mode: fascination, charme, rang et style.* Londres: Thames & Hudson, 1992.

_____. *Shoes: fashion and fantasy.* Nova York: Rizzoli, 1989.

_____. *The man of fashion: peacock males and perfect gentlemen.* Londres: Thames & Hudson, 1997.

McKENZIE, Joy. *The best in sportswear design.* Londres: B T Batsford Ltd 1997.

MILLER, Monica. *Slaves to fashion: black dandyism and the styling of black diasporic identity.* Durham: Duke University Press Books, 2009.

MITCHELL, Jno. *Men's fashion illustrations from the turn of the century* (Dover Fashion and Costumes). Mineola, NY: Dover Publications, 1990.

MOJO. *Punk: the whole story.* Londres: Dorling Kindersley, 2008.

MOTOAKI, Hori & YOKO, Takagi. *Feel and think: a new era of Tokyo fashion.* Munique: Prestel, 2012.

MULLER, Florence. *Baskets.* Paris: Éditions du Regard, 1997.

MULVAGH, Jane. *Vivienne Westwood: an unfashionable life.* Londres: Harper Collins Publishers, 2003.

NUNN, Joan. *Fashion in costume 1200-1980.* Nova York: New Amsterdam, 1984.

NUVOLETTI, Giovanni. *Éloge de la cravate.* Paris: Gentleman Editeur, 1988.

OBALK, Hector, PASCHE, Alexandre & SORAL, Alain. *Les mouvements de mode: expliqués aux parents.* Paris: Editions Robert Laffont, 1984.

O'HARA, Georgina. *Enciclopédia da moda.* São Paulo: Companhia das Letras, 1992.

OMELIANUK, Scott & ALLED, Ted. *Things a man should know about style.* Londres: Prion, 2001.

ORMEN-CORPET, Catherine. *Modes XIX-XX siécles.* Paris: Hazan, 2000.

PALFREY, John & GASSER, Urs. *Born digital: understanding the first generation of digital natives.* Nova York: Basic Books, 2008.

PALOMINO, Erika. *A moda.* São Paulo: Publifolha, 2002.

PANICCIOLI, Ernie & SHABAZZ, Jamel. *Back in the days.* Nova York: PowerHouse Cultural Entertainment, 2001.

PASOLS, Paul-Gerard & LEONFORTE, Pierre. *Louis Vuitton: the birth of modern luxury.* Nova York: Harry N. Abrams, 2012.

PEACOCK, John. *20th century fashion.* Londres: Thames & Hudson, 1993.

_____. *Costume 1066-1990: a complete guide to English costume design and history.* Londres: Thames & Hudson, 1996.

_____. *Men's fashion: the complete sourcebook.* Londres: Thames & Hudson, 1996.

PHILLIPS, Clare. *Jewellery from antiquity to the present.* Londres: Thames & Hudson, 1996.

_____. *Jewels and jewellery.* Londres: Victoria & Albert Museum, 2003.

PICKEN, Mary Brooks. *The fashion dictionary.* Nova York: Funk & Wagnalls Company, 1957.

POLHEMUS, Ted. *Street style: from sidewalk to catwalk.* Londres: Thames & Hudson, 1994.

_____. *Style surfing: what to wear in the 3rd millennium.* Londres: Thames & Hudson, 1996.

PRADA, Miuccia. *Prada.* Nova York: Harry N. Abrams, 2010.

QUILLERIET, Anne-Laure. *The leather book.* Nova York: Assouline, 2004.

REED, Paula. *50 ícones que inspiraram a moda 1970.* São Paulo: Publifolha, 2009.

_____. *50 ícones que inspiraram a moda 1980.* São Paulo: Publifolha, 2013.

REMAURY, Bruno & KAMITSIS, Lydia. *Dictionnaire international de la mode.* Paris: Editions du Regard, 2004.

ROCHE, Daniel. *A cultura das aparências: uma história da indumentária (séculos XVII-XVIII).* São Paulo: Senac, 2007.

RODGERS, Nigel. *The dandy: peacock or enigma.* Chicago: Bene Factum Publishing, 2012.

ROETZEL, Bernhard. *O gentleman: livro da moda clássica masculina.* Nova York: Könemann, 2000.

ROSENTHAL, Margareth & JONES, Ann Rosalind. *The clothing of the renaissance world: Europe, Asia, Africa, the Americas.* Londres: Thames & Hudson, 2008.

ROTHSTEIN, Natalie. *Four hundred years of fashion.* Londres: V&A, 1990.

RUPPERT, Jacques et al. *Le costume français.* Paris: Flammarion, 1996.

SABINO, Marco. *Dicionário da moda.* Rio de Janeiro: Elsevier, 2007.

SAILLARD, Olivier. *Les maillots de bain.* Paris: Éditions du Chêne, 1998.

SALVY, Gérard-Julien. *Mode des années 30.* Paris: Seuil Regard, 1991.

SANTAMARIA, Giuseppe. *Men in this town: London, Tokyo, Sydney, Milan, New York.* Melbourne: Hardie Grant, 2014.

SCHEFER, Dorothy. *What is beauty? New definitions from the fashion vanguard.* Londres: Thames & Hudson, 1997.

SCHILLING, Mark. *The encyclopedia of Japanese pop culture.* Weatherhill, 1997.

Referências bibliográficas

SCHNURNBERGER, Lynn. *Let there be clothes*. Nova York: Workman Publishing, 1991.

SHABAZZ, Jamel; GRUNITSKY, Claude; RODRIGUEZ, James Koe; AHEARN Charlie & JENNINGS, Terrence. *A time before crack*. Nova York: PowerHouse Cultural Entertainment, 2005.

SHERRILL, Marcia & KARMEL, Carey Adina. *Stylemakers: inside fashion*. Nova York: Monacelli Press, 2002.

SHERWOOD, James. *The London cut: Savile Row bespoke tailoring*. Local: Marsilio, 2008.

SIMS, Josh et al. *Vintage menswear: a collection from the vintage showroom*. Londres: Laurence King Publishing, 2012.

SKINNER, Tina. *Fashionable clothing from the Sears catalogs: early 1940s*. Pensilvânia: Schiffer Publishing, 2007.

_____. *Fashionable clothing from the Sears catalogs: early 1960s*. Pensilvânia: Schiffer Publishing, 2007.

_____. *Fashionable clothing from the Sears catalogs: late 1970s*. Pensilvânia: Schiffer Publishing, 1998.

_____. *Fashionable clothing from the Sears catalogs: mid 1940s*. Pensilvânia: Schiffer Publishing, 2003.

SLADEN, Mark & YEDGAR, Arielle. *Panic attack! Art in the punk years*. Londres: Merrell Publishers, 2007.

SMIT, Barbara. *Pitch invasion: Adidas and Puma and the making of modern sport*. Londres: Penguin Books, 2007.

SMITH, Desire. *Fashionable clothing from the Sears catalogs: early 1950s*. Pensilvânia: Schiffer Publishing, 2007.

SMITH, Rodney & SMOLAN, Leslie. *The hat book*. Nova York: Doubleday, 1993.

STANFILL, Sonnet. *New York fashion*. Londres: V&A, 2007.

STEELE, Valerie (others). *Japan fashion now*. New Haven: Yale University Press, 2010.

STEFFEN, Alfred. *Portrait of a generation: the love parade family book*. Londres: Taschen, 1997.

STOREY, Nicholas. *A history of men's accessories: a short guide for a man about town*. Barnsley: Pen and Sword, 2011.

_____. *History of men's fashion: what the well dressed man is wearing*. Barnsley: Pen and Sword, 2009.

STYLES, John. *The dress of the people: everyday fashion in eighteenth century England*. New Haven: Yale University Press, 2010.

SUDJIC, Deyan. *Rei Kawakubo and comme des garçons*. Nova York: Rizzoli, 1990.

SULLIVAN, James. *Jeans: a cultural history of an american icon*. Nova York: Gotham Books, 2006.

SWARBRICK, Janet (org.). *Jewelry: a visual celebration of the world's great jewelry-making traditions*. Nova Jersey: A Quintet Book, 1996.

TAKAMURA, Zeshu. *Roots of street style*. Tóquio: Books Nippan, 1997.

TAMAGNI, Daniele & GOODWIN, Paul. *Gentlemen of Bacongo*. Londres: Trolley Books, 2009.

TORREGROSSA, Richard. *Cary Grant: a celebration of style*. Boston: Bulfinch Press, 2006.

TORTORA, Phyllis G. *The fairchild encyclopedia of fashion accessories*. Nova York: Bloomsbury Academic, 2003.

VANIER, Alain & SALMON, Béatrice. *L'homme paré*. Paris: Les Arts Décoratifs, 2005.

VASS, László & MOLNÁR, Magda. *Handmade shoes for men*. Colônia: Konemann Verlagsgesellschaft mbH, 1999.

VERLANT, Gilles; SALMON, Isabelle & BARDOT, Brigitte (Prefácio). *Les 70'ies: the book relié*. Paris: Éditions Vade Retro, 1994.

VOGEL, Steven. *Streetware*. Londres: Thames & Hudson, 2007.

VOGEL, Steven, SCHONBERGER Nicholas & GORDON, Calum. *Contemporary menswear: a global guide to inside men's fashion*. Londres: Thames & Hudson, 2014.

WARD, Tammy. *Fashionable clothing from the Sears catalogs mid 1930's*. Pensilvânia: Schiffer Publishing, 2007.

_____. *Fashionable clothing from the Sears catalogs mid 1980's*. Pensilvânia: Schiffer Publishing, 2008.

WEBB, Iain R. *As seen in BLITZ: Fashioning '80s style*. Londres: Könemann, 1998.

WILCOX, Claire. *Vivienne Westwood*. Londres: V&A Publications – Victoria & Albert Museum, 2005.

WILCOX, Turner R. *The Mode in Costume*. Nova York: Scribners, 1958.

MOWER, Sarah, MARTINEZ, Raul & WINTOUR, Anna (Introdução). *Stylist: the interpreters of fashion*. Nova York: Rizzoli, 2007.

WORSLEY, Harriet & ULLMAN, H. R. *Decades of fashion*. Londres: Könemann, 2004.

YAPP, Nick. *1900s: decades of the 20th century* (Getty Images). Londres: Könemann, 2004.

_____. *1910s: decades of the 20th century* (Getty Images). Londres: Könemann, 2004.

_____. *1920s: decades of the 20th century* (Getty Images). Londres: Könemann, 2004.

Referências bibliográficas

_____. *1930s: decades of the 20th century* (Getty Images). Londres: Könemann, 2004.

_____. *1940s: decades of the 20th century* (Getty Images). Londres: Könemann, 2004.

_____. *1950s: decades of the 20th century* (Getty Images). Londres: Könemann, 2000.

_____. *1960s: decades of the 20th century* (Getty Images). Londres: Könemann, 2004.

_____. *1970s: decades of the 20th century* (Getty Images). Londres: Könemann, 2000.

_____. *1980s: decades of the 20th century* (Getty Images). Londres: Könemann, 2001.

_____. *1990s: decades of the 20th century* (Getty Images). Londres: Könemann, 2001.

A Editora Senac Rio publica livros nas áreas de Beleza e Estética, Ciências Humanas, Comunicação e Artes, Desenvolvimento Social, Design e Arquitetura, Educação, Gastronomia e Enologia, Gestão e Negócios, Informática, Meio Ambiente, Moda, Saúde, Turismo e Hotelaria.

Visite o site www.rj.senac.br/editora, escolha os títulos de sua preferência e boa leitura.

Fique atento aos nossos próximos lançamentos!

À venda nas melhores livrarias do país.

Editora Senac Rio
Tel.: (21) 2545-4819 (Comercial)
comercial.editora@rj.senac.br
Fale com a gente: (21) 4002-2101

Este livro foi composto nas tipografias
Whitman Display, Poiret one e Sophia,
e impresso pela Edigráfica Gráfica e Editora Ltda.,
em papel *offset* 90 g/m², para a Editora Senac Rio,
em outubro de 2019.